Lebensratgeber

AF287361

Maria Priska Gmünder
und Andrea Sutter

Lebensratgeber

Wichtiger Hinweis:

Die Verfasser dieses Buches sind keine Ärzte bzw. Mediziner und können insofern auch keinen ärztlichen oder medizinischen Rat geben. Die in diesem Buch verfassten Gedanken, Anregungen, Methoden und Beispiele sollen eine ärztliche Behandlung keinesfalls ersetzen. Jede/r Leser/in ist für sein/ihr eigenes Handeln selbst verantwortlich. Eine Haftung für etwaige Personen-, Sach- oder Vermögensschäden ist hiermit ausgeschlossen.

Weiterer Hinweis:

Die Namen der Klienten in den Beispielgeschichten wurden jeweils geändert.

Bibliografische Information der Deutschen Nationalbibliothek:

Die Deutsche Nationalbibliothek verzeichnet diese Publikation in der Deutschen Nationalbibliographie; detaillierte bibliografische Daten sind im Internet über http://dnb.d-nb.de abrufbar.

© 2011 Maria Priska Gmünder und Andrea Sutter
Satz, Umschlagdesign, Herstellung und Verlag:
Books on Demand GmbH, Norderstedt
ISBN: 978-3-8448-6939-2

Inhaltsverzeichnis

Vorwort der Autorinnen 7

Einführung 11

Über Marias Arbeit 13

Die Seele 19

Schicksal 33

Rückführungstherapie 45

Clearing 51

Unsere Angst vorm Tod 63

Kontakt zu Verstorbenen 67

Der innere Heiler 79

Kinder 81

Gewichtsprobleme 89

Glaube und Spiritualität 95

Engel 105

Dank 114

„So wie ich mein Leben gelebt habe, erschien es mir oft wie eine Geschichte ohne Anfang und ohne Ende. Ich hatte das Gefühl, ein historisches Fragment zu sein, ein Auszug, zu dem der vorhergehende und der nachfolgende Text fehlten. Ich konnte mir sehr gut vorstellen, dass ich bereits in früheren Jahrhunderten gelebt haben könnte und dort schon Fragen begegnete, die zu beantworten ich noch nicht in der Lage war; so dass ich wiedergeboren werden musste, weil ich die mir übertragene Aufgabe noch nicht erfüllt hatte.“

C. G. Jung

Vorwort der Autorinnen

Maria Priska Gmünder

Glauben Sie an Zufälle? Möglicherweise haben Sie dieses Buch von einem guten Freund oder Bekannten empfohlen oder geschenkt bekommen. Vielleicht haben Sie es auch in einer Buchhandlung oder im Internet entdeckt oder man hat es Ihnen persönlich überreicht.

Es gibt viele Möglichkeiten, wie dieses Buch gerade jetzt in Ihre Hände gelangt ist. Ist das Zufall? Oder Vorsehung? Warum geschehen Dinge in unserem Leben? Haben wir alles selbst in der Hand oder werden wir von einem Schicksal gelenkt? Mit Fragen dieser Art beschäftige ich mich schon seit vielen Jahren und versuche, mein Leben besser zu verstehen. Genau wie viele andere Menschen auch, führte ich lange Zeit ein Leben, mit dem ich unzufrieden war und in dem ich mich unglücklich fühlte.

Ich wurde 1961 in Appenzell in der Schweiz geboren. 35 Jahre lang litt ich unter chronischem Asthma und Allergien, bis ich damit begann, meine Ernährung auf Trennkost umzustellen, und dabei begriff, dass Körper, Geist und Seele eine untrennbare Einheit sind. Wenn die Seele krank ist, ist der ganze Mensch krank.

Ich beschloss, fortan um mein Leben zu kämpfen, und fing deshalb 1999 eine Ausbildung als Ernährungsberaterin an. Durch die komplette Ernährungsumstellung verlor ich mein Asthma zunächst vollständig und konnte mit der Ernährungsberatung auch vielen anderen Menschen helfen, Asthma oder Allergien loszuwerden oder abzunehmen. Dennoch hatte ich selbst auch immer wieder Asthmarückfälle und deshalb suchte ich nach weiteren

Ausbildungen, mit denen ich mir und auch anderen Menschen helfen könnte, ein gesunderes und glücklicheres Leben zu führen.

Ich habe heute endlich eine Heilmethode gefunden, um die Probleme, Symptome oder Schmerzen da aufzulösen, wo ihr Ursprung ist, nämlich in einem früheren Leben. Heute bin ich nun mit meinem Körper und Geist im Einklang und möchte mein Wissen und meine Erfahrungen weitergeben.

Ich möchte Sie einladen, sich mit mir in diesem Buch auf eine kleine Reise zu begeben. Eine Reise zu sich selbst, in das Land Ihrer Träume – zu einem Leben, das Sie sich schon immer gewünscht haben.

Kommen Sie mit auf die Reise?

Herzlichst
Ihre Maria Priska Gmünder

Andrea Sutter

Mein Name ist Andrea Sutter, ich wurde 1976 in Lörrach in Deutschland geboren. Ich arbeitete bisher als Bankkauffrau und zuletzt als Immobilienberaterin bei einer Bank.

Seit 2004 bilde ich mich laufend in diversen Beratungsmethoden weiter, unter anderem in NLP (Neuro-linguistisches Programmieren), Hypnose, EFT (Emotional Freedom Techniques), Gesprächstherapie nach Rogers, Gestalttherapie, Astrologie und Medialität, mit dem Ziel, mich als Coach bzw. Lebensberaterin sowie als Autorin selbständig zu machen.

Ich möchte Menschen dabei unterstützen, zu sich selbst zu finden und an sich zu glauben. Ich möchte ihnen behilflich sein, ihre eigene Wertigkeit zu erkennen, um gestärkt und voller Zuversicht durchs Leben zu gehen.

Ich habe Maria 2010 kennen gelernt und mein Leben hat sich durch ihre Arbeit und ihre Beratungen sehr positiv verändert. Bald entstand bei uns beiden der Wunsch, gemeinsam ein Buch über Marias Arbeit und über unsere Erfahrungen mit der Geistigen Welt zu schreiben. Mehr von mir erfahren Sie in diesem Buch und Sie sind herzlich eingeladen, an den ganz persönlichen Geschichten meines Lebens teilzuhaben.

Herzlichst
Ihre Andrea Sutter

Einführung

Liebe Leserin und lieber Leser,

wer träumt nicht von dem einen oder anderen Abenteuer? Oder hat Sehnsucht nach etwas ganz Ausgefallenem? Wer sucht nicht nach seiner Berufung oder seinem ganz persönlichen Sinn im Leben?

Wir haben viele Ideen und Wünsche. Manchmal sind es aber auch nur Sehnsüchte, die wir noch nicht definieren können. Zumindest hat in der Regel fast jeder Mensch eine Ahnung davon, wie sein eigentlicher Traum vom Leben aussehen könnte.

Meist zerplatzen diese Hoffnungen und Träume jedoch wie große Seifenblasen und werden nicht verwirklicht aufgrund familiärer, beruflicher oder finanzieller Lebensumstände oder weil wir schlicht Angst haben vor den Veränderungen. In unseren Ohren lärmen noch die Aussagen anderer Menschen, z.B. unserer Eltern, Großeltern, Onkel und Tanten, Geschwister, Lehrer, Nachbarn usw., die uns sagten, dass wir mit dem zufrieden sein müssen, was wir haben, und dass wir vom Leben nicht zu viel erwarten oder verlangen dürfen. Und dass das Leben „kein Ponyhof" oder „kein Wunschkonzert" sei und man nur mit Arbeit und Fleiß weiterkomme. Unsere Lebensumstände und unsere Ängste holen uns sehr schnell wieder auf den Boden der Tatsachen zurück und unser ganzer Mut und unser Vertrauen in uns selbst, welche beide eben noch da waren, sind von einer Sekunde auf die andere wie weggeblasen und kommen uns wie Hirngespinste vor. So war es bei uns auch und in diesem Buch möchten wir Ihnen gerne mehr davon erzählen.

Über Marias Arbeit

Maria: Es kommt immer wieder vor, dass Menschen mich nach meinem Beruf bzw. meiner Arbeit fragen. Wenn ich ihnen dann erzähle, dass ich Lebensberaterin bin, kann in der Regel niemand etwas damit anfangen. Manche fragen leicht spöttelnd: „Ausgerechnet du willst mir raten, wie ich mein Leben gestalten soll?"

Das ist genau der springende Punkt. Ich rate Ihnen nicht, wie Sie Ihr Leben gestalten sollen oder was Sie verändern sollen, damit es Ihnen wieder besser geht. Ich bin lediglich ein Mittler zwischen der Geistigen Welt und Ihnen, um Ihnen zu vermitteln, was Ihnen in dem Moment weiterhelfen kann, aus Ihrer Situation herauszufinden.

Es war ein langer Weg, bis ich zu meinem heutigen Wissen und Können gelangte, und ich lerne immer wieder aufs Neue dazu. Begonnen hat mein Weg mit einer Ausbildung in Ernährungsberatung. Danach folgten weitere Ausbildungen in Gesprächstherapie nach Rogers, Gestalttherapie, Familienstellen nach Bert Hellinger, EFT (Emotional Freedom Techniques), Rückführungstherapie, Clearing und nicht zu vergessen meine jahrelangen Ausbildungen zum Medium und zur Heilerin.

Mit dem Wissen und den Erfahrungen aus meinen Ausbildungen kann ich heute verstehen, was die Geistige Welt mir mitteilen will und was für Beratungsmethoden ich anwenden soll, um meinen Klienten in ihrer Situation weiterzuhelfen.

Stellen Sie sich das Leben eines Menschen wie einen aufgewickelten Wollfaden vor: Je älter der Mensch wird, umso größer wird auch das Wollknäuel- und es ist mit vielen Knoten und Verstrickungen aufgewickelt. Teilweise richtig kompliziert und nur mit äußerstem Geschick zu lösen. Es wäre vermessen von mir zu behaupten, ich hätte da den Durchblick. Deshalb nehme ich die Hilfe der Geistigen Welt in Anspruch, die den Lebensplan eines jeden Menschen genau kennt und weiß, wofür mein Klient bereit ist oder was er im Moment in seiner Lebenssituation verkraftet oder erfahren darf.

Vor einer Sitzung weiß ich oft nicht genau, mit welcher Behandlungsmethode ich arbeiten werde und mit welchem Thema. Dies kristallisiert sich aber in einer Sitzung sehr schnell heraus, weil die Geistige Welt es mir währenddessen unmittelbar mitteilt. Ich arbeite also nicht nach einem bestimmten Schema und bearbeite das, was aus der Sicht des Klienten scheinbar notwendig ist, sondern ich arbeite an dem, was mir die Geistige Welt übermittelt. Ich möchte auch nicht über längere Zeit an ein und demselben Thema arbeiten und immer wieder in den Schmerzen „herumbohren". Ich arbeite schnell und effektiv, weil die Geistige Welt nicht möchte, dass wir lange und unnötig leiden. Meine Klienten erzählen mir, dass wir so in kurzer Zeit Blockaden auflösen konnten, die sie vorher bereits über viele Jahre vergeblich versucht haben aufzulösen.

Eine 70-jährige Klientin von mir (nennen wir sie an dieser Stelle einfach Ursula) hatte beispielsweise schon fast ihr ganzes Leben lang Angst, mit einem Fahrstuhl zu fahren. In einer unserer Sitzungen erinnerte sich Ursula daran, dass sie während ihrer Ausbildung zur Krankenschwester einen verstorbenen Patienten im Fahrstuhl zur Leichenhalle im Untergeschoss des Krankenhauses transportieren musste und dann der Fahrstuhl stecken geblieben war. Das machte ihr nichts aus. Als der Fahrstuhl nach einiger Zeit wieder lief und sich seine Türen öffneten, standen dort einige Kollegen. Als ihnen klar wurde, was ihr passiert war, mussten sie lachen. Sie meinten das nicht böse, sondern fanden die Situation eben irgendwie lustig.

Ursula jedoch fühlte sich von ihnen ausgelacht und hatte den Eindruck, dass ihre Kollegen ihr nicht einmal den Transport eines verstorbenen Patienten zutrauen würden. Sie fühlte sich vorgeführt, bloßgestellt und wie eine Versagerin. Und erst diese Situation hatte sie traumatisiert.

Nachdem ich mit ihr gearbeitet hatte, stieg sie plötzlich eines Tages in einen Fahrstuhl, ohne es überhaupt bewusst wahrzunehmen. Ursula erinnerte sich nicht einmal mehr daran, dass sie dies 50 Jahre lang nicht mehr hatte tun können. Erst danach wurde ihr klar: „Ich bin gerade mit einem Fahrstuhl gefahren!" Ihre Angst war wie weggeblasen und sie fuhr mit dem Fahrstuhl, als habe sie dies schon immer so gemacht.

Natürlich ist auch das neue Zeitalter dafür verantwortlich, dass uns Heilern ermöglicht wird, viel schneller und effektiver zu arbeiten, als es vor Jahren noch denkbar gewesen wäre.

Ich habe immer wieder die Geistige Welt darum gebeten, mir ein Handwerkszeug zu geben, damit ich meinen Klienten schnell und effektiv helfen kann, ohne dass sie viel leiden müssen. Aus meiner langjährigen Beratungspraxis heraus kann ich heute sagen, dass ich dieses Handwerkszeug erhalten habe, und ich freue mich über jeden einzelnen Menschen, dem ich helfen kann.

In diesem Buch möchte ich Ihnen gerne mehr von meiner Arbeit und von der Geistigen Welt erzählen. Ich möchte Sie einladen, die Geistige Welt kennen zu lernen und zu erfahren, wie liebevoll und geduldig unsere geistigen Helfer mit uns zusammen arbeiten. Wie sie nur darauf warten, dass wir uns ihnen zuwenden, damit sie uns helfen können.

Andrea: Ich war 34 Jahre alt, als ich zum ersten Mal zu Maria in die Beratung kam. Ich war zu dieser Zeit sehr unzufrieden, weil viele Dinge in meinem Leben nicht so waren, wie ich sie mir wünschte. Doch was ich mir stattdessen wünschte, wusste ich auch nicht. Ich arbeitete seit 14 Jahren bei einer Bank und meine Arbeit bereitete mir schon sehr lange keine Freude mehr. Hatte sie das überhaupt jemals? Ich weiß noch, wie erstaunt meine ehemaligen Schulkollegen waren, als sie erfuhren, dass ich eine Banklehre mache. Das passte doch gar nicht zu mir!

Für mich begann mit meiner Ausbildung bei der Bank ein jahrelanger Weg auf der Suche nach meiner Identität und meinem Selbstwertgefühl. Ich machte interessante Erfahrungen und ich habe sehr viel gelernt. Aber meine Persönlichkeit und meine Talente konnte ich in diesem Beruf nie voll entfalten.

Aber wenn man erst einmal in solch einer Tretmühle steckt, dann kommt man nicht so einfach wieder heraus. Die Arbeit nahm mich gedanklich und zeitlich ein. Ich funktionierte und war sogar erfolgreich. Ich war gesellschaftlich anerkannt und fühlte mich finanziell abgesichert. Ich redete mir ein, dass ich in diesem Job gut aufgehoben sei. Außerdem wusste ich ja auch nicht, was ich stattdessen tun wollte. Und so hielt ich die ganzen Jahre relativ gut durch. Es hatte jedenfalls den Anschein. Meine wahren Gefühle versuchte ich damit zu unterdrücken, dass ich mich mit Essen beruhigte und infolge dessen immer mehr an Gewicht zunahm. Gesundheitlich ging mein Immunsystem auf die Barrikaden und wehrte sich heftig dagegen, dass ich mein Leben mit einer Arbeit vergeudete, die mich nicht erfüllte. Ich war ständig erkältet und nahm alle Infekte mit, die an mich herangetragen wurden. Ich bekam plötzlich unerklärliche, kleinere Hautausschläge. Ich war müde und unmotiviert. Mein Hausarzt meinte u.a., dass dies alles die körperlichen Auswirkungen auf meine Unzufriedenheit seien. Der chronische Schnupfen war ein Zeichen dafür, dass ich buchstäblich „die Nase voll hatte", und die Hautausschläge dafür, dass ich mich nicht mehr „wohl in meiner Haut fühlte" oder mir „zum aus der Haut fahren" zumute war. Doch ich redete mir mein Leben immer weiter schön und bekämpfte geduldig Symptom um Symptom, las viele Bücher und ging von Coach zu Coach auf der Suche nach Antworten, die ich nicht wirklich hören wollte. So kam ich zu Maria. Ich hatte auch hier alle Ausreden der Welt parat für meine Situation. Doch Maria ließ sich davon nicht beirren. Wie sie mit mir arbeitete, erfahren Sie nach und nach in diesem Buch.

„Wir sind nicht Menschen, die spirituelle Erfahrungen machen, sondern spirituelle Wesen, die menschliche Erfahrungen machen." *Willigis Jäger*

Die Seele

Maria: Um das Leben verstehen zu können, müssen wir zunächst verstehen, wie die Seele überhaupt auf die Erde kommt. Es gibt verschiedene Ansichten über den „Seelenweg". Ich erzähle Ihnen nun auf eine einfache Art meine Sichtweise darüber.

Am Anfang war der Geist. Es existierte nur die Liebe und die Vollkommenheit. Eines Tages wurde beschlossen, dass man andere Erfahrungen auf einer anderen Ebene machen möchte. Dazu benötigte man Freiwillige. Einige Millionen Lichtpunkte, die sich im Geist aufhielten, waren bereit, sich zum Wohle aller auf eine andere Ebene zu begeben – in die Geistige Welt, um sich dort in ein feinstoffliches Wesen zu verwandeln, das sich auch Seele nennt.

Jede Seele hat ein höheres Bewusstsein (das so genannte Höhere Selbst), das alles über diese Seele sammelt und auch ihr „Manager" bleibt, solange die Seele ihre Erfahrungen macht. Die Seele trifft in der Geistigen Welt und in ihrem Erdenleben immer wieder auf ca. 20 weitere Seelen, ihre „Seelenfamilie", die sie über alles liebt. Auf Erden können dies dann z.B. unsere Familienmitglieder sein, enge Freunde, Lebenspartner usw.

Die Seele ist demnach unsterblich und wird immer wieder geboren. Das Ziel einer Seele ist einzig und allein, Erfahrungen auf der Erde zu machen in Form von verschiedenartigen Leben. Sei es, dass sie sich ein Leben aussucht als Eremit in Entbehrung oder auch als Sklave mit allen Facetten des Leidens, die damit verbunden sind. Oder sie möchte als Kind in Afrika geboren werden und erfahren, wie es sich anfühlt, an Hunger zu sterben. Vielleicht wählt sie ein Leben, in dem sie umgebracht wird. Oder sie beschließt, als König zu leben und dabei zu erfahren, wie es sich anfühlt, Macht über Menschen zu haben usw. Die Auswahlmöglichkeiten sind unendlich. Doch eines haben alle Leben gemeinsam: Es geht dabei immer einzig und allein darum, Erfahrungen zu sammeln.

Es gibt heute viele Computerspiele, bei denen man sich unter zahlreichen Vorschlägen die eigene Figur zusammenstellen kann, deren Leben man dann spielerisch gestaltet inklusive Umgebung, Vermögensverhältnisse, Fähigkeiten, Freunde usw. Solche Spiele sind sehr beliebt, denn dabei können wir unser Leben selbst so gestalten, wie wir es möchten, und haben unbegrenzte Auswahl-Möglichkeiten. Nichts anderes „spielen" sozusagen unserer Seelen, wenn sie sich in der Geistigen Welt befinden. Und genau wie in den Computerspielen gibt es Seelen, die sich gerne Erfahrungen aussuchen wie Schmerz, Krieg, Verlust etc., weil sie genau die Erfahrungen erleben möchten, die sie noch nicht kennen. Jede Seele ist damit einverstanden, dass sie alle Erinnerungen an ihre Erfahrungen und Leben zum Zeitpunkt einer neuen Inkarnation vergessen hat.

Wir nehmen im „Erdenleben" unsere Leiden sehr ernst. Teilweise fühlen wir uns hilflos ausgeliefert, sind am Verzweifeln und sehen auch keinen Sinn darin, warum ausgerechnet uns das Leben so bestraft. Für die Seele selbst fühlen sich in der Geistigen Welt hundert Jahre allerdings wie ein Augenaufschlag an. Und deshalb hat sie auch keine

Bedenken, sich solche Erfahrungen auszusuchen. Im Gegenteil: Sie freut sich darauf, weil sie weiß, dass sie dabei wieder zum Wohle aller weitere Erfahrungen sammeln kann, die allen nützlich sind.

Karma

Das Ziel einer Seele ist es außerdem, die Liebe zu leben, und genau das ist die Schwierigkeit eines jeden Lebens. Ich möchte Ihnen dies nun gerne ausführlicher erklären:

Es gibt tausende von Leben, bis die Seele endgültig wieder zurück ins Licht geht. In diesen vielen Leben bleiben positive und negative Erinnerungen zurück. Einen Teil dieser Erinnerungen nehmen wir in das nächstfolgende Leben mit, zum Beispiel in Form von Krankheiten, Ängsten, Süchten, Schuldgefühlen. Man kann sie auch als Karma oder karmische Verstrickungen bezeichnen. Ein ganz einfaches Beispiel:

Stellen wir uns zwei junge Seelen vor und nennen sie Max und Moritz. Max hat bereits ein Erdenleben hinter sich und Moritz ist eine „Babyseele", die zum ersten Mal auf der Erde lebt und noch keinerlei Karma aufgebaut hat. Die beiden treffen auf einen anderen Menschen, der auf einer Klippe steht und die schöne Aussicht aufs Meer genießt. Da hat Max die Idee, man könnte diesen Menschen doch einfach mal ins Meer hinunterschubsen. Er erzählt Moritz davon und sagt: „Mach du es!" Moritz ist Feuer und Flamme und schubst den Mann die Klippen hinunter. Und schon hat sich Moritz sein erstes Karma aufgeladen.

Oder stellen Sie sich folgende Situation vor:

Ein Mann steht an der Kasse in einem Supermarkt und will seine Einkäufe bezahlen. Sie kosten 34,50 Euro. Er gibt der Kassiererin einen 50-Euro-Schein. Sie gibt ihm soviel Geld zurück, als habe er mit einem 100-Euro-Schein bezahlt. Er bekommt also 50,- Euro zuviel von ihr zurück. Der Mann bemerkt es und denkt sich: „Wow, das Geld kann ich gut gebrauchen. Die buchen das doch einfach wieder aus, was solls."

Die Kassiererin ist allein erziehende Mutter von drei Kindern, wurde gerade von ihrem Mann im Stich gelassen und hat große finanzielle Probleme. Sie konnte ihre Miete nicht mehr bezahlen und ihr Vermieter hat ihr gekündigt. Der Job im Supermarkt ist für sie überlebensnotwendig. In der letzten Zeit kam sie häufiger zu spät, weil die Kinder krank waren, und sie macht sich so viele Sorgen, dass sie dadurch schon zweimal falsch abkassiert hat. Als sie an diesem Abend die Kasse aufnimmt, fehlen 50,- Euro. Daraufhin wird sie fristlos gekündigt. Das bringt das Fass für sie zum Überlaufen und sie ist so verzweifelt, dass sie sich das Leben nimmt.

Der Mann hat 50,- Euro gewonnen, sich aber zugleich Karma aufgeladen, für dessen Ausgleich er in einem späteren Leben sorgen muss. Am Ende seines Lebens, wenn seine Seele wieder im Licht ist, wird ihm das Ausmaß dieser Situation gezeigt und er hat dann die Möglichkeit, dies in einem späteren Leben auszugleichen. Vielleicht wird ihm dann eine ähnliche Situation widerfahren. Oder er wird bestohlen. Man sagt: „Es kommt alles zu einem zurück im Leben. Gutes und Schlechtes." Doch es muss nicht zwingend unmittelbar danach oder im selben Leben wieder zurückkommen. Es kann auch erst dann geschehen, wenn wir uns an die Ursache dafür nicht mehr erinnern.

Ein Beispiel aus meinem eigenen Leben:

Bereits im Alter von zwei Jahren bekam ich schweres Asthma, das von chronischen Allergien begleitet wurde.

Man fragt sich, warum ein zwei-jähriges Kind eine so schwere Krankheit bekommt. Meine jahrzehntelangen Beschwerden waren für mich eine große Last. Es gab viele Dinge, die ich nicht machen konnte. Ich empfand dies als ungerecht und fühlte mich oft bestraft und vom Leben benachteiligt. Ich fragte mich, warum gerade ich immer wieder so leiden musste.

Bei meiner Heilungssuche lag meine ganze Intention darin, „im Außen" statt in meinem Inneren nach der Ursache für meine Beschwerden und mein ständiges Jucken zu suchen. Bis ich irgendwann begriff, dass ich der Produzent meines Lebens bin und dass ich alles selbst verursacht habe. Nach einer Rückführung in ein früheres Leben wurde mir bewusst, dass die Ursachen für mein Asthma dort liegen, und seit ich sie in jenem Leben aufgelöst habe, bin ich davon vollständig geheilt.

Es folgt ein Ausschnitt aus einer Rückführung in Bezug auf mein Asthma.

Bei einer Rückführung in meine eigenen früheren Leben wurde ich in folgendes Leben geführt:

Ich lebte im Mittelalter als Sklavin eines Mannes namens Brutus. Er war ein Zuhälter und verkaufte sozusagen die weiblichen Dienstleistungen seiner Sklavinnen. Mich hielt er an meinem linken Fuß in der Küche angekettet, wo ich außerdem für ihn und seine Gäste kochen musste. In dieser Küche befand sich ebenfalls meine Schlafstätte, wo ich auch meine Freier empfing. Ich war die beliebteste Sklavin bei den Freiern und brachte Brutus am meisten Geld ein. Ich wusste eine Menge über Kräuter und arbeitete im Verborgenen als Heilerin für kranke Menschen, insbesondere für Frauen, die mich heimlich aufsuchten.

Mein Sohn versorgte mich immer mit Kräutern und ich konnte vielen Menschen helfen. Irgendwann fand Brutus es heraus und da ich ihm inzwischen auch lästig geworden war, zeigte er mich der Hexerei an. Ich wurde abgeholt und eingesperrt und musste schlimme Foltermethoden über mich ergehen lassen, besonders an meinem Kopf. Ich hatte in meinem heutigen Leben sehr häufig schlimme Kopfschmerzen und ich konnte mir auch nie Folterszenen in Filmen ansehen, aber ich hatte bislang dafür keine Erklärung gehabt. Der katholische Inquisitor, der damals über mich urteilte, vergewaltigte mich außerdem in meiner Zelle. In meinem heutigen Leben wuchs ich als Kind in Appenzell im römisch-katholischen Glauben auf und hatte mich immer dagegen aufgelehnt, ohne zu wissen, weshalb.

Im damaligen Leben wurde ich zum Tode durch Verbrennung verurteilt und mit mir auch mein Sohn. Auf dem Weg zum Scheiterhaufen lachten die Menschen mich aus, beschimpften mich und spuckten mich an. Darunter waren auch viele der Frauen, denen ich als Heilerin geholfen hatte. Ich fühlte mich ungerecht behandelt und von denen verraten, denen ich geholfen hatte. Es war sehr erniedrigend und in meiner Verzweiflung und Wut verfluchte ich all diese Menschen und ich schwor mir, dass ich nie wieder meine heilerischen Kräfte einsetzen würde. Im heutigen Leben hatte ich anfangs große Probleme damit, öffentlich von meiner Arbeit zu erzählen, und ich bekam auch immer sehr kritische Rückmeldungen und Widerstand in meinem Umfeld.

Nach der Rückführung in verschiedene damalige Leben und nach der Auflösung von deren karmischen Verstrickungen änderte sich im heutigen Leben vieles für mich, aber vor allen Dingen eines: Ich hatte von diesem Tag an kein Asthma mehr. Ich war damals auf dem Scheiterhaufen am Rauch erstickt, bevor ich im Feuer verbrannte. Und Asthma hat ebenfalls damit zu tun, keine Luft mehr zu bekommen bzw. zu ersticken. Übrigens: Auch mein Sohn Andreas litt als Kind einige Zeit an einem unerklärlichen Husten, der wie durch ein Wunder nach einer Rückführung verschwand, die ich später einmal mit ihm machte. In dieser Rückführung erzählte er mir von genau diesem Leben, in dem wir bereits als Mutter und Sohn gelebt hatten. Er hatte von mir nichts darüber erfahren und kannte diese Geschichte nicht von mir. Und trotzdem erzählte er alles genau so, wie ich es erlebt hatte, nur eben aus seiner Perspektive.

Nach meiner Rückführung konnte ich auch ohne Bedenken öffentlich über meine Arbeit sprechen und musste nicht mehr gegen so viel Widerstand kämpfen. Es machte mir auch nichts mehr aus, mir Folterszenen in Filmen anzusehen. Außerdem stellte sich heraus, dass der Zuhälter Brutus mein Schwiegervater aus meiner ersten Ehe im jetzigen Leben war. Ich mochte ihn, doch aus mir unerklärlichen Gründen schaffte er es immer wieder, mich sehr zu provozieren und zu kränken. Ich erinnere mich beispielsweise an folgende Situation: Meine Mutter war gerade gestorben und er lästerte zusammen mit seiner Frau sehr über sie. Das ärgerte mich nicht nur, sondern ich geriet regelrecht außer mir vor Wut und hätte beinahe die Beherrschung verloren und ihm etwas angetan. Heute weiß ich, dass zwischen ihm und mir noch unsere karmischen Verstrickungen aus jenem früheren Leben wirkten und mich aus der Fassung brachten und unser Verhältnis im heutigen Leben schwierig machten, obwohl es dafür nicht unbedingt einen Grund gab. Ein weiteres Beispiel dafür, wie wichtig es ist, in früheren Leben nach Ursachen für heutige Konflikte zu suchen. Und nicht zuletzt änderte sich mein Verhältnis gegenüber Frauen, denn mein Fluch gegen diese Frauen damals und mein Schwur, mich nie wieder heilerisch für sie einzusetzen, machten es mir unmöglich, mit Frauen zu arbeiten bzw. Freundschaften zu pflegen, auch wenn mir das zuvor nicht bewusst gewesen war. Heute arbeite ich mit sehr vielen Frauen und pflege auch wieder Freundschaften zu ihnen.

Es ist mir wichtig, darauf hinzuweisen, dass viele Dinge, auf die wir in unserem jetzigen Leben keine Antworten finden (z. B. Krankheiten, augenscheinliches Unglück, immer wiederkehrende Muster), ihren Ursprung in mehreren vergangenen Leben haben. Deshalb sind auch mehrere Rückführungen in verschiedene Leben notwendig, um diese Dinge dort jeweils aufzulösen. Und weil die Personen von damals auch in unserem heutigen Leben eine Rolle spielen, ist es außerdem wichtig, sich in weiteren Sitzungen mit diesen Menschen zu versöhnen und die Eide und Schwüre aus früheren gemeinsamen Leben zu lösen, da sie bis heute und auch weiter in Zukunft bindend sind, wenn wir dies nicht tun.

Wir wissen nicht, wie unser „himmlischer, karmischer Kontostand" ist. Ob unser Konto derzeit im Soll oder Haben geführt wird. Ob wir in unseren bisherigen Leben öfter Täter waren oder Opfer. Und es geht dabei nicht nur um Taten wie z. B. Raubüberfall oder Mord. Wie oft haben wir anderen Menschen einfach nur gedanklich Schlechtes an den Hals gewünscht. Auch das löst Karma aus. Und deshalb ist es so schwierig und zugleich so wichtig für eine Seele, die Liebe zu leben.

Es gibt übrigens „Babyseelen", die, wie bereits im Beispiel von Max und Moritz erwähnt, noch kein Karma auf sich geladen haben, weil sie noch nie oder noch nicht oft reinkarniert sind.

Dann gibt es „Kinderseelen" mit nur wenig Karma. Es folgen sozusagen die „Teenagerseelen" – das sind die Seelen, die wie Teenager ganz wild darauf sind, Erfahrungen zu machen und sie laden sich in ihrer ungestümen Lebensweise Karma auf, z. B. durch Gewalt. Das sind z. B. Menschen, die in Kriegsgebieten leben und ständiger Gewalt ausgesetzt sind, weil sie sich das vor ihrer Reinkarnation so ausgesucht haben und diese Erfahrung machen wollten.

Dann gibt es noch „Erwachsenenseelen", die sich bereits viel Karma aufgeladen haben und es nach wie vor tun. Das sind die Menschen unter uns, die ihr Tun kaum reflektieren, auch wenn sie nicht unbedingt böse Menschen sind. So wie z. B. der Mann, der die Kassiererin nicht darauf hingewiesen hat, dass er zu viel Geld von ihr bekommen hat.

Und zu guter Letzt gibt es noch die „sehr alten Seelen". Sie haben bereits sehr viele Leben gelebt und dabei sehr viel Karma aufgebaut, aber auch schon wieder ausgeglichen. Wenn man mit diesen Seelen bzw. Menschen Rückführungen macht, dann haben sie meist grausame Erfahrungen hinter sich und lebten z. B. während der beiden Weltkriege, oder sie wurden im Mittelalter gefoltert etc. In Europa leben viele „alte Seelen" und das erklärt auch, warum es uns hier in der heutigen Zeit relativ gut geht, wir vom Staat grundsätzlich abgesichert sind und es uns genau genommen an nichts mangelt, wir aber trotzdem oft Angst haben, unglücklich sind und in schlechten Situationen ausharren. Im Vergleich zu anderen Ländern jammern wir immer noch auf hohem Niveau. So gut wie heute ging es uns im Grunde genommen noch nie, aber trotzdem haben wir das Gefühl, ein schweres Leben zu haben. Wir sind in unseren Dramen gefangen und können uns nicht vorstellen, dass wir uns das alles selbst ausgesucht haben.

Alles passiert auf freiwilliger Basis: Keine Seele wird gezwungen, wieder erneut zu inkarnieren, sondern entscheidet sich für ein weiteres Leben, wenn die Zeit wieder reif ist und sie sich ausreichend erholt hat.

Dieses nächste Leben, das sie für sich aussucht, ist sehr wohl überlegt und dafür hat die Seele viele Helfer in der Geistigen Welt in Form von Engeln und Geistführern. Und natürlich ist auch die Seelenfamilie für sie da. Jede Seele hat eine Seelenfamilie – das sind Seelengeschwister, mit denen sie immer wieder Erfahrungen macht bzw. sich immer wieder trifft. Wir alle benutzen den Begriff „seelenverwandt". Bei solch einem Menschen handelt es sich tatsächlich um ein Mitglied unserer Seelenfamilie, mit dem wir bereits in irgendeiner Form und in irgendeinem Leben gelebt haben.

Egal wie schwer ein Leben einer Seele war, beschließt sie trotzdem immer wieder, erneut zu inkarnieren. Stellen Sie sich einfach vor, wie es für Sie wäre: Sie sitzen auf „Wolke 7", haben alles, was Sie sich nur vorstellen können, und um Sie herum die pure Liebe. Irgendwann langweilt sie das ein bisschen und Sie sehnen sich nach Abwechslung und Abenteuer.

In meiner Arbeit als Medium höre ich immer wieder von Verstorbenen, wie schön es doch auf der Welt war. Da konnte man Wein trinken und wunderbar essen oder mit einem schnellen Auto mit 200 km/h über die Autobahn brausen oder in der Sommerhitze ins kühle Meer abtauchen und mit jeder Faser seines Körpers spüren, wie es sich anfühlt zu leben. Und da wir in der Dualität leben, gibt es Schwarz und Weiß, Gut und Böse, Arm und Reich. Um eine Vorstellung davon zu erhalten, was gut für mich ist, muss ich vorab erfahren haben, was schlecht für mich ist. Um zu wissen, wie sehr ich jemanden mag, muss ich erfahren, wie es ist, ihn zu vermissen usw. Es braucht immer beide Seiten.

Es ist wichtig, dass wir damit aufhören, uns nach etwas zu sehnen, was wir nicht haben – sondern beginnen, uns an allem zu erfreuen, was wir schon haben bzw. was wir schon erreicht haben.

Die Seele beschließt nun, wieder zu inkarnieren. Ihre Helfer und die Seelenfamilie setzen sich an einen Tisch mit ihr und sie schaut sich als Erstes alle ihre gelebten Leben an. Ihre Berater helfen ihr dabei, herauszufinden, welche Erfahrungen wichtig wären für ihre Weiterentwicklung. Es gibt verschiedene Möglichkeiten, diese Erfahrungen auf Erden zu machen, und es werden der Seele Leben gezeigt, innerhalb derer sie diese Erfahrungen machen kann. Sie entscheidet sich für ein Leben. Ihre Eltern werden auf der Traumebene gefragt, ob sie damit einverstanden sind, dass diese Seele zu ihnen kommt. Deshalb haben auch manche Eltern oder speziell Mütter – bevor sie überhaupt schwanger sind – das Gefühl, schon zu wissen, dass eine Seele auf sie wartet. Oder die Mutter weiß ohne Untersuchung des Geschlechts, ob es ein Mädchen oder ein Junge wird.

Genauso ist es vorbestimmt, wie die Seele heißen wird. Es gibt die tollsten Geschichten beim Standesamt. Mir wurde beispielsweise von einer Familie aus dem Schwarzwald berichtet, in der der Junge Jürgen heißen sollte. Die

Großmutter ging aufs Standesamt und ließ den Namen „Jörgen" eintragen. Alle glaubten, dass die Oma schon etwas senil war, und keiner ging davon aus, dass einzig und allein die Oma gehört hatte, wie die Seele ihr den Namen richtig zugeflüstert hatte. Dieser Junge wurde zum Mann und hat 47 Jahre lang den Namen Jürgen getragen und konnte somit seine Seelenbestimmung nicht richtig leben. Erst als ein einschneidendes Erlebnis in seinem Leben eintrat, hat er seinen Namen geändert auf „Jörgen" – so wie es auch in seiner Geburtsurkunde stand. Und endlich konnte er sich annehmen. Konnte sich nach und nach aus seiner Starre befreien und sich zu dem liebevollen Menschen entfalten, der er wirklich war.

Spiegelungen

Spiegelungen rühren uns an.
Vielleicht erkennen wir dabei,
dass alles, was uns von außen widerfährt,
in uns selbst sein Spiegelbild hat.

Nichts trifft uns,
das nicht auch in uns selbst läge.
Nichts trifft uns zufällig,
nichts durch widrige Umstände allein.
Nichts trifft uns nur,
weil ein anderer es will.

Es hat alles seine Entsprechung in uns,
jedes Glück und jedes Unglück.
Denn alles hängt zusammen.

Was außen gelingen soll,
muss innen beginnen.

Nichts gedeiht zwischen uns
und anderen Menschen,
das nicht in uns selbst
anfing zu gedeihen.

Jörg Zink

„Gott würfelt nicht."   *Albert Einstein*

Schicksal

Maria: Jedes Leben ist die Fortsetzung eines vergangenen Lebens oder mehrerer anderer Leben. So erklärt es sich schon fast von selbst, dass es kein Schicksal gibt, sondern dass sich jedes Leben danach ausrichtet, was im vergangenen Leben erfahren wurde, was noch nicht aufgearbeitet wurde und was noch zu lernen ist.

Heutige Zeit

Zurzeit haben viele Seelen, die sich in der Transformation befinden, ihre liebe Müh und Not. Wenn wir auf die Welt kommen, erinnern wir uns nicht mehr daran, was wir vorher auf der göttlichen Ebene beschlossen haben, und es ist sehr schwierig zu verstehen, was gerade im Moment mit uns passiert. Vor allem wenn sich plötzlich alles verändert. Dazu kommen möglicherweise körperliche Schmerzen, tiefe Depressionen, ein Gefühlschaos und Existenzängste, die sich sehr dramatisch anfühlen und auch solche Auswirkungen haben.

Wichtig dabei ist es, zu wissen, dass alles, was uns passiert, immer von uns selbst verursacht bzw. ausgesucht wurde. Wir erinnern uns zwar nicht mehr daran, aber wir haben es tatsächlich irgendwann beschlossen. Und da wir uns damals sicher waren, dass wir es verkraften werden, haben wir uns sorgfältig überlegt, wie man uns dazu bewegen kann, aus einer Lebenssituation herauszutreten, die nicht mehr zu uns passt.

Wenn wir damit beginnen, uns mit unserer Angst auseinanderzusetzen, merken wir, wie viele weitere Ängste noch vorhanden sind. Überwältigt von der Aussicht, wie viel da noch zu tun ist, geben wir womöglich wieder auf, gehen in unser bisheriges Leben zurück und denken „Das halte ich noch aus" oder „Ach, so schlimm, wie ich geglaubt habe, ist es gar nicht".

Viele meiner Klienten erzählen mir, dass sie die Situation, in der sie sich befinden, genau kennen und den Mut nicht haben, in ein besseres Leben zu gehen, weil sie nur dieses kennen und die Angst sie davon abhält, den nächsten Schritt zu machen.

Es gibt immer wieder Beispiele von Frauen, die bei ihren Männern bleiben, obwohl sie von ihnen ständig verprügelt werden. Sie bleiben, weil sie sich irgendwann an die Schläge gewöhnt haben und weil die Angst vor dem Unbekannten und vor den eventuellen Folgen noch größer ist als ihr Leid. Sie haben sich entsprechend angepasst und gelernt, wie sie manchmal sogar durch Verändern ihrer Verhaltensweise der Brutalität entkommen können. Sie denken irgendwann sogar, es liegt an ihnen, und sie geben sich die Schuld daran, geschlagen zu werden. Sie beginnen damit, sich neu zu „programmieren", versuchen, sich unsichtbar zu machen, anzupassen, nicht aufzufallen usw.

Ich habe in meinen Sitzungen außerdem immer wieder Menschen erlebt, die die Lösung ihrer Probleme „im Außen" suchen, also in ihren Lebensumständen, anstatt in ihrem Inneren, also in sich selbst. Sie analysieren ihre Situation und auch die ihrer Mitmenschen sehr genau und können darüber ausführlich erzählen. Doch dieses Analysieren bringt ihnen keine Ergebnisse. Sie kommen nicht weiter. Nur ihr Ego fühlt sich dadurch vielleicht „gebauchpinselt", weil es ja alles so schlau erkennt und durchschaut und für jede Situation eine Erklärung hat. Das gibt ihnen das Gefühl, mächtig zu sein und alles im Griff zu haben- oder sollte ich besser sagen: alles unter Kontrolle zu haben?

Die Angst, die Kontrolle zu verlieren, ist eine der größten und häufigsten Ängste von uns Menschen. Dabei ist auch sie eine Illusion, denn es gibt sie nicht. Wir alle wissen aus eigener Erfahrung, wie unvorhersehbare Dinge unsere Pläne über den Haufen werfen können. Sei es das Unwetter, das den geplanten Schwimmbadbesuch scheitern lässt, oder der Unfall, der den Redner bei einem wichtigen Firmen-Event ausfallen lässt usw. Wir können sicher vieles kontrollieren, aber eben nicht alles. Und schon gar nicht unser Unterbewusstsein. Viele Dinge im Leben passieren unbewusst, insbesondere dann, wenn wir sie schon oft getan haben. Beispielsweise das Autofahren. Selbstverständlich müssen wir dabei auch ganz bewusst auf den Straßenverkehr achten, doch währenddessen sorgt unser Unterbewusstsein z. B. dafür, dass wir in den nächsten Gang schalten. Nur Fahranfänger denken noch bewusst daran, dass sie jetzt in den nächsten Gang schalten müssen. Unser Leben ist ein perfektes Zusammenspiel zwischen Bewusstsein und Unterbewusstsein. Und wenn wir ausschließlich unser Ego, also unseren Verstand und unser Denken, arbeiten lassen, kommen wir nicht an die in unserem genialen Unterbewusstsein verborgenen Fähigkeiten, die das Leben (in unserem Beispiel das „automatische" Autofahren) viel leichter machen.

Wenn wir uns auf unsere Gefühle einlassen könnten, anstatt zu analysieren und zu grübeln, wenn wir das annehmen würden, was da ist, um es dann in Liebe mit Hilfe der Geistigen Welt aufzulösen, dann könnten wir in unserer

Entwicklung einen Ablösungsprozess vollziehen, den wir in diesem Ausmaß noch nie erlebt haben. Wie sagte schon Albert Einstein: „Probleme kann man niemals mit derselben Denkweise lösen, durch die sie entstanden sind."

Wenn wir uns also darauf einlassen, neue Wege zu gehen und nach Lösungen zu suchen, die uns bisher gar nicht in den Sinn gekommen sind, kann sich enorm viel verbessern. Hierbei kann uns ein außen stehender Lebensberater bzw. Therapeut sehr hilfreich und nützlich sein. Bei ihm/ihr können wir abschalten von unserem Alltag und uns auf das Wesentliche konzentrieren. Außerdem können wir uns selbst oft nicht weiterhelfen, weil wir sozusagen in unserer eigenen „Energieblase" gefangen sind.

Ich selbst biete eine Ausbildung zum Lebensberater an und erfreue mich immer wieder aufs Neue an den Fortschritten meiner Ausbildungsteilnehmer. Jeder gute Lebensberater sollte sehr viel Zeit in seine eigene Persönlichkeitsentwicklung stecken, um seine späteren Klienten verstehen zu können und um ihnen glaubhaft vermitteln zu können, dass Heilung möglich ist. Und deshalb ist eine gute Ausbildung eine, die die Teilnehmer durch ihren eigenen Entwicklungsprozess führt.

Wenn wir aber in unserem Leid verharren und uns unseren Ängsten nicht stellen, entfernen wir uns damit immer weiter von unserer Seele und von unserem Seelenauftrag. Wir erschaffen uns immer wieder neue Leidensszenarien und werden immer verwirrter. Unser Umfeld hält uns gnadenlos den Spiegel vor. Wir tun das Leben als Ungerechtigkeit ab. Und wenn wir hören, dass wir das alles selbst verursacht haben, denken wir: „So blöd oder grausam kann doch niemand sein, dass man sich so was selbst antut." Aber wenn wir ganz ehrlich sind, wissen wir, dass man sich nur aus einer

Situation löst, wenn es so richtig weh tut. Wenn wir mit der Nase bereits im Dreck liegen oder am Untergehen sind. Ansonsten haben wir unzählige Ausreden, mit denen wir uns unsere verfahrene Lebenssituation zurechtlügen.

Anstatt uns unseren Ängsten zu stellen und einen Weg aus unserer Leidensspirale zu suchen, bleiben wir, wo wir sind, und machen genauso weiter wie bisher. Denn das kennen wir. Auch wenn es bedeutet, dass wir nicht glücklich sind oder sogar leiden: Wir kennen diese Umstände, sie sind uns vertraut und wir wissen, wie wir damit einigermaßen zurechtkommen und dass es uns nicht „umbringen" wird. Uns aus dieser Spirale herauszubewegen, würde bedeuten, dass wir uns ins Ungewisse aufmachen. Wir wissen nicht, was uns erwartet und ob das nicht vielleicht noch schlimmer wird.

Ganz ehrlich: Wollen Sie, dass es immer so weitergeht wie bisher? Sind Sie vielleicht gerne unglücklich oder „nicht so ganz zufrieden"? Glauben Sie vielleicht, dass Sie es gar nicht anders verdient haben? Dass es Ihnen nicht zusteht, glücklich zu sein? Reich zu sein? Beliebt zu sein? Erfolgreich zu sein? Kinder zu haben? In einem großen Haus zu wohnen oder was auch immer Sie sich insgeheim wünschen?

Mit diesen Gedanken stehen wir uns nur selbst im Weg. Es ist genug für alle da! Es ist jemandem möglicherweise bestimmt, arm zu sein. Aber dann hat er auch alles dafür erhalten, um es in Dankbarkeit und Demut zu ertragen, wenn er es nur annimmt und akzeptiert – wie es beispielsweise Mönche tun.

Wenn ich mich innerlich dagegen aufbäume, dann ist es meist nicht mein Weg, und ich muss herausfinden, warum ich es bis dahin habe kommen lassen und wie ich wieder hinausfinde aus meiner Leidensspirale. Ich habe es selbst in der Hand. Die Geistige Welt zwingt uns zu gar nichts. Im Gegenteil: Sie bietet uns alle Möglichkeiten, unser Leben so zu gestalten, wie wir es wirklich möchten.

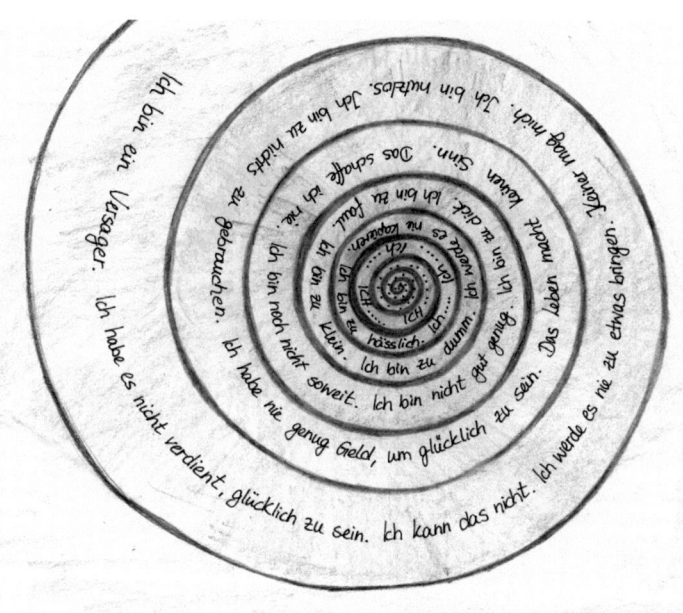

„Die Leidensspirale"
Andrea Sutter

Andrea: Ich definierte mich lange Zeit sehr stark über meine Leistung und versuchte immer, es anderen Menschen recht zu machen: meinen Eltern, meinen Vorgesetzten, meinen Kunden, meinen Kollegen usw. Ich hatte nicht das Selbstbewusstsein mit auf den Weg bekommen, einfach das zu tun, was ich will. Ich wusste auch gar nicht, was ich will. Wie hätten meine Eltern oder Großeltern mir das auch beibringen sollen? Eine Kriegsgeneration und eine Nachkriegsgeneration – woher hätten Sie denn nehmen sollen, was ich gebraucht hatte? Sie hatten es doch selbst nicht bekommen. Meine Eltern wussten nicht, wie man uns Kindern emotionale Geborgenheit und Selbstbewusstsein vermittelt, denn ihre Eltern wiederum hatten ihnen dies auch nicht geben können. Sie hatten gelernt, sich an die äußeren Umstände anzupassen und das Beste daraus zu machen. In der Generation meiner Eltern war es in diesem Maße meist noch nicht möglich, sich so frei zu entfalten wie in unserer Generation.

Generationen nach mir wiederum empfinden diese Freiheit schon als selbstverständlich. Das ist es auch, was viele ältere Generationen ärgert: Warum sind diese jungen Leute von heute derart selbstbewusst und nehmen sich einfach, was sie wollen? Oder warum sind sie so schnell in ihrer Auffassungsgabe? Das macht einem doch schon fast Angst!

Wenn wir bedenken, dass sich heutzutage alles schneller entwickelt als früher, weil wir kurz davor stehen, einen gewaltigen Schritt in eine höhere Dimension zu machen, dann ist das alles ganz verständlich. Wir müssen nicht mehr so lange leiden und lernen wie früher. Wir entwickeln uns stetig weiter und passen uns unserer schnelllebigen Umwelt an. 2012 steht kurz bevor und wir sind auf dem Weg in eine neue, bessere Dimension bzw. zu einer höheren Bewusstseinsebene.

Aber zurück zu meiner Leidensspirale:

Ich lebte also jahrelang in einem beruflichen Umfeld, in dem ich ganz langsam, aber stetig immer unglücklicher wurde. Anstatt mich aus dieser Spirale zu befreien, redete ich mir immer wieder alles schön. Ich unternahm zwar Versuche, mich beruflich zu verändern, und bildete mich nebenberuflich weiter. Aber meine so genannten Glaubenssätze oder inneren Überzeugungsmuster flüsterten mir immer wieder ein „Du kannst das nicht!" oder „Du wirst darin nie gut sein!" oder „Du bist noch nicht so weit!". Und so blieb ich in meiner Leidensspirale stecken.

Als ich Maria kennen lernte, befand ich mich ganz tief unten in der Krise. Ich konnte einfach nicht mehr. Ich war ständig krank und das meist ganz pflichtbewusst am Wochenende. Maria konnte mir schon in wenigen Sitzungen meine eigene verfahrene Situation bewusst machen und dies geschah ganz nebenbei – ich merkte es kaum und fühlte mich nach jeder Sitzung einfach nur gut. Ich hatte das Gefühl, bei ihr genau richtig zu sein. Ich fühlte mich von ihr verstanden und akzeptiert. Und auch wenn ich meine Zweifel gehabt habe, habe ich die Geistige Welt als liebevoll wahrgenommen und fühlte mich aufgehoben. Ich hatte bereits viele Beratungen und Coachings bei den unterschiedlichsten Menschen in Anspruch genommen. Doch ich war noch nicht so weit für größere Veränderungen und kam nur minimal weiter. Erst bei Maria und mit der Hilfe meiner Spiritualität machte ich richtige Fortschritte.

Maria erinnerte mich neulich daran, wie ich anfangs zu ihr gesagt habe: „Es stellen sich mir alle Haare auf, wenn ich mir nur vorstelle, arbeitslos zu sein!" Oder: „Das ganze Leben langweilt mich."

Ich habe damals mit Marias Hilfe und Zuspruch den Mut aufgebracht, die Geistige Welt, meinen Schutzengel und die Erzengel zu bitten, mir zu helfen, aus meiner Jobsituation herauszukommen, weil ich es selbst aus eigener Kraft nicht schaffte. Und das, obwohl ich mir nicht sicher sein konnte, ob das richtig oder falsch sein würde. Ich entschied mich ganz bewusst dafür, zu vertrauen.

Und dann passierte etwas, womit niemand rechnen konnte: Als ich eines Nachmittags das Bankgebäude verließ, stürzte ich auf Schnee und Glatteis und brach mir dabei sehr kompliziert den rechten Oberarm. Ich wurde operiert und fiel für insgesamt etwa drei Monate aus. In dieser langen Zeit machte ich mir viele Gedanken über meine Arbeit und mein Bestreben, es allen anderen recht zu machen außer mir selbst. Und ich konnte erleben, wie ich mich ohne meine Arbeit fühlte. Und ich musste erkennen, dass mir nichts fehlte außer vielleicht einigen lieben Kollegen. Und als der behandelnde Arzt mir sagte, dass es bald an der Zeit war, wieder arbeiten zu gehen, wusste ich es ganz genau: Ich wollte auf keinen Fall wieder zurück in meinen Job! Ich hatte noch immer keinen Plan davon, was ich stattdessen machen sollte, doch ich konnte nicht zurück. Und so kündigte ich zum nächstmöglichen Termin und verließ die Bank nach 14 Jahren. Ohne Plan B! Ich spürte nur, dass es an der Zeit war zu gehen und dass es für mich persönlich nur besser werden könne.

Und so kam es auch. Ich habe meine Kündigung nicht eine Sekunde bereut. Ich habe vieles verloren: einen relativ sicheren Job, ein gutes Gehalt, einen gewissen gesellschaftlichen Status, viele Annehmlichkeiten innerhalb der

Bank, ein tolles und modernes Büro mit allem Drum und Dran, nette Kollegen u. v. m.

Aber was ich gewonnen habe, bedeutet mir inzwischen viel mehr: Lebensfreude pur! In der Arbeitslosigkeit stellten sich mir nicht wie vermutet alle Haare auf, sondern ich konnte es akzeptieren und wurde vom Leben beschenkt, denn es fehlte mir an nichts, auch wenn ich einfach etwas sparsamer sein musste. Und von Langeweile kann keine Rede mehr sein!

Ich befinde mich in einem Veränderungsprozess und dieses Buch ist nur ein Ergebnis davon. Ich bin ganz sicher, dass ich meinen beruflichen Weg finden werde, und ich bin gespannt, wie es für mich weitergeht. Ich fühle mich vom Leben beschützt und beschenkt, weil ich nach einem plötzlichen „Schicksalsstupser" endlich meinem Herzen gefolgt bin und auf mich gehört habe. Ich habe mich ernst genommen. Ich war mir wichtig genug, aus meiner Leidensspirale auszubrechen und mich auf den Weg ins Glück zu machen. Weil ich es verdient habe – so wie Sie es auch verdient haben!

Was auch immer Ihre Leidensspirale ist – machen Sie es sich bewusst und trauen Sie sich den ersten Schritt hinaus. Es kann nur besser werden. Jedes Mal, wenn Sie sich getraut haben, etwas zum Guten hin zu verändern, und jedes Mal, wenn Sie sich entschieden haben, zu vertrauen anstatt zu misstrauen, werden Sie vom Leben belohnt werden. Ich habe es selbst erfahren und weiß, wovon ich spreche. Und ich hätte es mir heute vor einem Jahr ebenso wenig vorstellen können wie vielleicht jetzt Sie, wenn Sie das lesen.

Rückführungstherapie

Ursachenforschung für seelische und körperliche Leiden

Maria: Der Mensch kann mit einer Pflanze verglichen werden. Er wächst und blüht wie eine Pflanze und stirbt am Ende, aber nicht vollständig. Auch die Pflanze wächst, blüht und stirbt am Ende. Sie hinterlässt den Samen, der eine neue Pflanze hervorbringt. Der Mensch hinterlässt, wenn er stirbt, sein Karma – die guten und schlechten Handlungen seines Lebens. Der physische Körper kann sterben und sich auflösen, die Eindrücke seiner Handlungen sterben jedoch nicht. Er muss wiedergeboren werden, um die Früchte dieser Handlungen zu genießen.

Der Körper – ein Fortbewegungsmittel für die Seele

Die Verbindung der Seele mit einem bestimmten Körper heißt Geburt und ihre Trennung von ihm nennt man Tod. Wenn die Seele ihre physische Hülle verlässt, geht sie in einen anderen Körper über, der je nach den Verdiensten ein menschlicher, tierischer oder pflanzlicher sein kann.

Rückführung

Immer mehr Menschen finden sich in ihrem Leben nicht mehr zurecht oder haben einfach Fragen, auf die sie keine Antworten finden. Sie besuchen Vorträge oder nehmen an Seminaren teil, sie nehmen sich einen Lebensberater oder Coach oder gehen zur Psychotherapie. Oftmals kommen sie dennoch nicht weiter und erhalten keine Antworten. Sie werden „beratungsresistent" oder gelten als „austherapiert". Ein Grund dafür könnte darin liegen, dass sich all diese wichtigen und guten Methoden am jetzigen Leben orientieren. Doch auch in früheren Leben gibt es Dinge, die aufgearbeitet werden sollten, damit der Mensch seinen inneren Frieden findet. Kein Leiden, kein Schicksalsschlag und keine Disharmonie mit bestimmten Menschen ist zufällig vorhanden. Sie alle haben ihre oft Jahrhunderte zurückreichenden Vorgeschichten, in denen die Ursachen dafür gelegt wurden. Das offenbare Geheimnis der Rückführungstherapie besteht darin, dass man viele unliebsame Störungen des Körpers, der Seele und des Geistes in seinen Ursachen aufsuchen und auch meistens dort auflösen kann. So können selbst Verletzungen, die von Verkehrsunfällen im heutigen Leben herrühren, karmische Zusammenhänge haben. Niemand erhält grundlos einen Schlag, in welcher Art auch immer. Alles hat seine tiefere Ursache.

Mit der Rückführungstherapie ist man in der Lage, zu den Ursachen seiner Probleme, Verhaltenseigenarten oder Beziehungsschwierigkeiten zurückzugehen und diese bei ihrer jeweiligen Entstehung in den früheren Leben aufzusuchen und dort aufzulösen.

Die Rückführungstherapie ist eine geniale Methode, mit der man zu den tief liegenden Wurzeln irgendwelcher Probleme gelangt, an deren Auswirkungen der „Ratsuchende" noch im heutigen Leben leidet. Dieser kann sich mit Unterstützung des „Reiseleiters", völlig ohne Nebenwirkungen, selbst von seinen Glaubenssätzen, Identifikationen oder sogar von gesundheitlichen Schwierigkeiten etc. befreien.

Der Klient wird sich während der Rückführung über die Zusammenhänge seiner soeben angeschauten früheren Leben mit seinem heutigen Leben bewusst und setzt sich, noch im Entspannungszustand, aber ganz aktiv, mit dieser Problematik auseinander.

Andrea: Maria führte auch mich in eines meiner vorherigen Leben. Hier meine Aufzeichnungen darüber:

„Ich sehe mich als große Frau mit langen blonden Haaren in einem langen weißblauen Kleid. Ich stehe auf einer Klippe und blicke hinaus aufs Meer. Hinter mir ein Dorf, die Häuser haben Schilfdächer. Vom Meer nähert sich ein Schiff – es ist das Schiff der Männer aus dem Dorf. Ich heiße Liliana und bin eine Heilerin.

Ich sehe, wie die Männer aus dem Schiff steigen, doch es sind nicht nur die Männer aus dem Dorf, sondern auch viele Fremde. Die Fremden sind laut und benehmen sich derb und grob. Sie haben sehr viel Alkohol getrunken und behandeln die Männer aus dem Dorf schlecht. Sie müssen das Schiff besetzt haben. Sie steigen aus und ich will sie aufhalten, will ins Dorf zu den Frauen laufen und sie warnen. Doch die fremden Männer bemerken mich und schlagen mich brutal nieder. Sie foltern und vergewaltigen mich. Ich bin fast tot, mein Unterleib regelrecht zerfetzt. Ich bekomme noch mit, wie sie ins Dorf gehen und alle Kinder töten und die Frauen vergewaltigen. Ich kann nichts tun, ich kann ihnen nicht helfen. Und ich will nur noch sterben.

Plötzlich erscheint eine Fee aus der Geistigen Welt und heilt mich vollständig. Ich sehe danach so aus, als wäre mir nichts geschehen. Schnell laufe ich ins Dorf, um den Frauen zu helfen, doch die Fremden sind schon fort.

Da kommen die Kaufleute aus dem Dorf von ihren Reisen zurück und sehen, was passiert ist. Als sie mich als Einzige so unbeschadet sehen, glauben sie mir nicht, was ich ihnen berichte. Sie beschuldigen mich, den fremden Männern geholfen und mit ihnen gemeinsame Sache gemacht zu haben. Sie zerren mich auf einen Wagen mit hölzernen

Gitterstäben und fahren mich zum Dorfplatz, wo ich als böse Hexe geköpft und danach verbrannt werde. Den sicheren Tod vor Augen schwöre ich mir, niemals wieder als Heilerin zu arbeiten oder mein Wissen und Können anderen Menschen zur Verfügung zu stellen."

Maria half mir danach, den bösen Fremden zu vergeben und auch denen, die mir nicht geglaubt und mich getötet hatten. Sie half mir, mir selbst meine damalige Hilflosigkeit zu verzeihen, und löste mit mir gemeinsam meinen Schwur auf sowie alle Verbindungen aus diesem vorherigen Leben.

Wenn ich mein Leben vor dem Hintergrund dieser Geschichte betrachte, dann kann ich sagen, dass es tatsächlich immer wieder Situationen gegeben hat, in denen ich mich „kleiner" gemacht habe als ich bin und in denen ich nicht zeigen wollte, was ich kann. Dieses Buch ist ein Anfang, aber in den letzten Wochen habe ich sehr oft und viel gezweifelt. Ich konnte nicht weiterschreiben, weil ich alles in Frage stellte, besonders mich selbst und meine Fähigkeiten und Talente. Ich habe den Zweifel überwunden und mich wieder ins Vertrauen begeben. Ich durfte von der Geistigen Welt hören, dass meine Zweifel in dieses Buch gehören, weil sie Teil des Lebens sind.

Ich habe noch nicht vollständig herausgefunden, wie ich meine Lebensreise fortsetzen möchte, aber lassen Sie es mich mit Sokrates sagen: „Ich weiß, dass ich nichts weiß". Ist das nicht eine befreiende und entspannende Erkenntnis? Wenn wir uns selbst erlauben, nicht immer alles verstehen, wissen oder können zu müssen, dann lebt es sich schon gleich etwas leichter, und wir können uns darauf konzentrieren, den Moment zu erleben.

Flieg los!

Breite die Flügel
der Zuversicht aus
und steig auf in
den weiten Himmel
deiner Möglichkeiten.
Wann, wenn nicht jetzt,
wo, wenn nicht hier,
wer, wenn nicht du?
Mach deine Träume wahr!

Jochen Marris

„Liliana"
Andrea Sutter

Clearing

Die Befreiung der Seele

Maria: Depressionen, Phobien, Süchte, Ängste, ständiger Energiemangel und viele andere Erkrankungen können durch Geister verursacht werden, die nach dem Tod des Körpers als „erdverbundene Seelen" in der physischen Welt bleiben und sich mit den Lebenden verbinden. Beim Clearing wird eine tiefe Reinigung des Körpers und der Seele von Fremdenergien ermöglicht. An den Körper gebundene Wesen und Energien können erkannt und ins Licht geführt werden.

Die Aura eines Menschen ist oft besetzt durch Energien anderer Wesen. Manchmal sind es erdgebundene Schwingungen von Verstorbenen, die wir nicht loslassen konnten, oder auch Schwingungen von Ereignissen in der Welt, zu denen wir in Resonanz stehen. Es gibt auch Besetzungen von astralen Wesen und vieles mehr. Bei einer Besetzung vermischt sich das eigene Bewusstsein mit den Fremdenergien. Wir fühlen uns dann verstrickt und übernehmen die Besonderheiten des anderen Wesens, ohne dass wir dies bemerken. Wir sagen dann z. B. „Ich stand völlig neben mir" oder „ich weiß nicht, was in mich gefahren ist".

Energiesymbiosen stören jedoch unsere eigene Entwicklung und behindern die andere Seele, sich ganz von der Erde zu lösen und zum ursprünglichen Seelenfeld zurückzukehren. Clearings dienen dazu, Fremdenergien aus der Aura zu lösen. Fremdenergien sind nichts Ungewöhnliches. Während einer Sitzung können mehrere Besetzungen gleichzeitig befreit werden.

Clearings verhelfen zu neuer Lebenskraft. Um Ihre Ziele und Wünsche zu erreichen, brauchen Sie Ihr ganzes Sein. Es heißt, dass 80 % aller körperlichen und seelischen Leiden von Besetzungen kommen. Oder sie haben einen karmischen Ursprung in einem früheren Leben. Wir sind auf der Erde, um zu lernen, und suchen uns deshalb verschiedene Leben aus. Wenn unsere Seele nach unserem Tod erneut reinkarniert, kommen aber auch ihre karmischen Verstrickungen aus vorherigen Leben zu ihr zurück. Diese Verstrickungen oder unbewussten Erinnerungen haften an uns und beeinflussen unser Leben. Deshalb ist es wichtig, uns von diesen Erinnerungen und früheren, selbst auferlegten Eiden (z. B. „Ich werde niemals wieder jemanden lieben") zu befreien.

Andrea: Maria befreite mich mit Hilfe der Geistigen Welt von verschiedenen Seelen, die an mir hafteten. Es fällt mir im Nachhinein etwas schwer, mich noch daran zu erinnern, denn es ist so, als wäre es nie dagewesen, und das ist auch das Geniale daran: Das, was einen noch zuvor schwer beschäftigt und gequält hat und von dem man annahm, dass man es nie loswerden würde, ist plötzlich wie weggeblasen. Maria kannte das bereits und sagte mir auch, ich solle besser Tagebuch darüber schreiben, um im Zweifel immer wieder nachlesen zu können, was sich schon alles verändert hat.

Ich war zunächst recht skeptisch, denn ich hatte Zweifel, ob es so etwas wie Besetzungen überhaupt gibt. Doch ich war ebenso bereit, mich darauf einzulassen, denn ich hatte nichts zu verlieren.

Die erste Seele war ein Schmied, der irgendwann im Mittelalter gelebt hatte. Er sagte, dass er mich beschützen müsse vor anderen Männern. Ihm war nicht bewusst, dass er bereits gestorben war und dass es Zeit war für ihn, ins Licht zu gehen. Stattdessen versuchte er, sein vergangenes Leben mit mir aufrechtzuerhalten. Maria machte ihm das bewusst und führte ihn ins Licht.

Die zweite Seele war ein junger persischer König, der seine Liebe zu einem Mann für den Gehorsam gegenüber seinem Vater und dem Volk geopfert hatte, indem er eine Frau geheiratet und mit ihr mehrere Nachkommen gezeugt hatte. Er liebte den Mann jedoch noch immer und übertrug diese Liebe auf mich, indem er mich daran hinderte, mich für einen anderen Mann zu öffnen. Ihm war nicht bewusst, dass er in einem anderen Körper und bereits gestorben war. Auch ihn führte Maria ins Licht. Solche Liebesgelübde überdauern alle Reinkarnationen und kommen in jedem Leben wieder, wenn sie nicht energetisch durch ein Clearing aufgelöst werden.

Eine weitere Seele war die eines jungen Mädchens, das sehr verletzt worden war und dessen Energie sich in meinem Unterleib befand, wo sie sich wie eine Art Keuschheitsgürtel festgesetzt hatte und mich daran hinderte, eine befreite Sexualität zu leben.

Das mag für Sie vermutlich alles etwas komisch klingen und auch ich frage mich, ob diese Besetzungen nicht vielleicht einfach unbewusste Blockaden sind, die mein Unterbewusstsein in phantasierte Geschichten umwandelt. Ich weiß es nicht und habe für mich entschieden, dass das auch nicht wichtig ist, solange sich dadurch etwas zum Positiven verändert.

Tatsächlich hatte ich Schwierigkeiten, einen Partner zu finden. Ich redete mir immer ein, dass ich keinen Partner wollte und gerne allein war, doch das entsprach nicht meinem Herzen. Ich sehnte mich in Wirklichkeit danach, in einer Partnerschaft zu leben, und konnte mir meine Ängste und Widerstände selbst nicht erklären. Ich bekam so oft zu hören, dass man nicht verstehen könne, warum eine Frau wie ich keinen Partner hatte.

Mit 19 Jahren verliebte ich mich in einen Mann, der für mich damals meine große Liebe gewesen war. Doch unsere Beziehung war nicht einfach. Er war damals in einer schwierigen Phase und hatte immer wieder Konflikte mit seinem Vater auszutragen. Ich bildete mir ein, dass er mich braucht und dass ich für ihn stark sein kann. Ich wuchs über mich hinaus, hatte immer Hoffnung und hörte nicht auf, an ihn und an uns zu glauben.

Doch für ihn war das vermutlich beängstigend. Er wollte ebenso wie ich stark sein und gebraucht werden, doch ich gab ihm das Gefühl, schwach zu sein. Ich versuchte sogar, für ihn seine Konflikte zu lösen, doch das wollte er verständlicherweise nicht.

Heute weiß ich, dass es für einen einfühlsamen und hilfsbereiten Menschen wie mich, sehr wichtig ist, seine Hilfe anderen Menschen nicht aufzudrängen. Ich konnte mich aus Mitgefühl für jemand anderen richtiggehend selbst vergessen und das sollte man nie tun. Es schadet der eigenen Entwicklung. Ich habe gelernt zu fragen, ob man meine Hilfe möchte, oder ich warte, bis man mich fragt.

Dazu kommt, dass jeder Mensch seine eigenen Erfahrungen machen und seine ganz persönlichen Lektionen lernen muss. Wenn ich sie dem anderen abnehme, dann blockiere ich auch dessen Entwicklung.

Als sich mein Freund nach etwa einem Dreivierteljahr von mir trennte, brach für mich eine Welt zusammen. Ich war bis dahin eine gläubige Christin und engagiertes Mitglied einer evangelischen Freikirche gewesen. Doch das plötzliche Aus dieser Beziehung veränderte alles. Ich war wütend und wollte nur noch Rache. Und ein bekanntes Kindheitsgefühl kam wieder zu Tage: das Gefühl, dass ich nicht erwünscht und nicht liebenswert bin und deshalb auch nicht geliebt werden und immer allein bleiben würde. In den nächsten Jahren hatte ich unbewusst nur ein Ziel: mir selbst zu beweisen, dass diese Behauptungen auch wahr sind. Ich schlief beispielsweise mit 21 Jahren zum ersten Mal mit einem Mann, weil ich mich an Gott rächen wollte, denn bisher hatte ich mich ja an die ungeschriebene christliche Regel „Kein Sex vor der Ehe" gehalten.

Und so lernte ich nach und nach das Leben außerhalb der christlichen Moralvorstellungen kennen. Ich lernte viele Männer kennen, flirtete und teilte mein Bett mit ihnen.

Ich wollte mir beweisen, dass ich liebenswert bin, doch ich verwechselte es mit begehrenswert, denn die Männer wollten keine Beziehung und sie liebten mich auch nicht. Das kapierte ich aber damals nicht.

Unbewusst habe ich mir immer genau die Männer ausgesucht, die ich nicht haben konnte und bei denen ich keine Angst haben musste, dass sie mehr Nähe und Bindung wollten als ich. Ich war nicht bereit, mich seelisch und emotional auf einen Mann einzulassen. Und wenn die Männer dann nichts mehr von sich hören ließen, redete ich mir ein, dass Männer allesamt unzuverlässig seien und nur Sex von Frauen wollen. So lebte ich einige Jahre. Verbittert und desillusioniert in meiner eigenen Illusion. Ich habe mich benutzen lassen und habe andere benutzt. Ich habe keine Verantwortung mehr getragen für meine Seele, habe mich selbst verletzt, immer und immer wieder. Es war so, wie wenn man aus lauter Schmerz und Verzweiflung immer wieder mit der Faust gegen die Wand schlägt, wie in Trance, nur um den anderen Schmerz nicht mehr spüren zu müssen.

Ich fühlte mich nicht geliebt und einsam – so wie früher als Kind. Und anstatt diesen Schmerz zuzulassen, habe ich ihn verdrängt. Habe mich mit Süßigkeiten und mit Affären getröstet und bin dabei äußerlich immer schwerer und innerlich immer leerer geworden. Ich habe mir in dieser Zeit eingeredet, dass ich Sexualität genießen könne, auch ohne dabei Liebe zu empfinden. Immerhin bekam ich körperliche Nähe und wurde begehrt. Aber die Leere und Einsamkeit, die ich danach immer empfunden habe, wenn ich wieder alleine war, waren immer unbeschreiblich schrecklich für mich.

Nachdem Maria mich von den Fremdenergien befreit hatte, ließ ich zum ersten Mal seit langer Zeit meinen tiefen

Wunsch nach einer innigen, vertrauensvollen Beziehung zu. Ich gestand mir ein, wonach sich mein Herz wirklich sehnte. Und ich weiß ganz sicher, dass sich jetzt auch der passende Partner auf den Weg zu mir machen wird.

In weiteren Sitzungen arbeitete Maria mit mir auch an meinem Verhältnis zu meinen Eltern. Sie trennte unsere karmischen Verbindungen aus unseren gemeinsamen früheren Leben und machte mir mit Hilfe der Gestalt-therapie bewusst, wie wir zueinander stehen. Dass ich ihre Liebe als Kind nicht gespürt habe, bedeutet nicht, dass sie mich nicht geliebt haben. Ich weiß jetzt, dass sie mich sehr lieben. Und ich weiß, dass sie alles richtig gemacht haben. Ich habe sie mir damals vor meiner Reinkarna-tion perfekt ausgesucht, weil sie einen sehr großen Teil zu meiner Persönlichkeit beigetragen haben und ich ohne sie nicht die wäre, die ich heute bin. Und dafür bin ich ihnen sehr dankbar und liebe sie sehr. Außerdem sind sie ein Teil meiner Seelenfamilie und werden immer mit mir in inniger Verbindung stehen – egal in welchem Leben und in welcher Art unserer Beziehung.

Maria und Andrea: Eine weitere interessante Clearing-Geschichte möchten wir von Sabine erzählen:

Sabine ist 46 Jahre alt, allein erziehende Mutter eines 17-jährigen Sohnes und lebt seit vielen Jahren ohne festen Partner. Sie ließ sich bisher nicht gerne etwas sagen. Sie war häufig sehr kritisch und misstrauisch und äußerte dies oft aufgebracht und bestimmend. Sie erzählte, dass sie manchmal jähzornig reagiere und in ihrer Wut auch mal Dinge an die Wand schmetterte. Sie konnte sich dieses Verhalten selbst nicht erklären und wenn man Sabine kennen lernt, erlebt man sie auch als sehr liebevolle und fürsorgliche Frau.

Bei einem Clearing löste Maria einen mürrischen, kauzigen, alten Mann namens Franz von ihr, der fast sein ganzes Leben lang allein mit seinem Hund in den Bergen gelebt hatte. In jungen Jahren hatte er sich in das noch jüngere Mädchen Alma verliebt. Als sich die beiden an einem schönen See vergnügten, wurden sie von einem älteren Mann, dem Jäger aus dem Dorf, überrascht, der Franz zur Rede stellte. Er beschimpfte Franz, weil sich sein Verhalten damals (18. Jahrhundert) nicht schickte, und drohte ihm damit, es allen Leuten im Dorf zu erzählen. Da schubste Franz diesen Mann von sich weg, wobei dieser auf seinen Hinterkopf fiel. Er war sofort tot. Alma war davongelaufen, doch sie beobachtete alles vom Uferrand aus. Franz fühlte sich schuldig und floh in die Einsamkeit der Berge, um nicht verhaftet zu werden. Er wanderte wochenlang durch die Südtiroler Berge, bis er einen Platz fand, der weit genug von jeglicher Zivilisation entfernt war. Dort lebte er nur mit seinem Hund und ernährte sich von dem, was die Natur hergab. Sein schlechtes Gewissen, seine unerfüllte Liebe zu dem Mädchen und seine Einsamkeit machten ihn zu einem sehr verbitterten, griesgrämigen Mann. Er und sein Hund wurden von einem Bären lebensgefährlich verletzt und sie starben einsam in der Hütte. Beim Clearing stellte sich heraus: Ihm war nicht bewusst, dass er bereits gestorben war und sich im Körper von Sabine befand und dass Sabine in einem ihrer früheren Leben seine geliebte Alma gewesen war. Erst nach hartnäckigem Nachfragen von Maria erinnerte sich Franz wieder daran, dass er Alma seine ewige Liebe geschworen hatte, und weil er an dieses Versprechen gebunden war, wollte er Sabines Körper nicht verlassen. Als Maria ihn ins Licht führen wollte, wehrte er sich heftig. Er hatte sich dort richtiggehend breitgemacht und ließ Sabine kaum Platz, sich selbst zu entfalten. Er wehrte alle ab, die ihr zu nahe kamen, und ließ Sabine manchmal derart heftig reagieren, dass sie das Gefühl hatte, neben sich zu stehen.

Nach dem Clearing war Sabine eine andere Frau. Sie wirkte auf einmal viel ruhiger und entspannter. Sie war aufgeschlossener gegenüber Kritik. Und sie war insgesamt zugänglicher. Sie gab danach sogar eine Kontaktanzeige auf und konnte sich wieder vorstellen, einen Partner zu haben.

Invictus (Unbezwungen)

Aus dieser Nacht, die mich umhüllt,
von Pol zu Pol schwarz wie das Grab,
dank ich welch immer Gottes Bild
die unbezwung'ne Seel mir gab.

Wenn grausam war des Lebens Fahrt,
habt ihr nie zucken, schrein mich sehn!
Des Schicksals Knüppel schlug mich hart –
mein blut'ger Kopf blieb aufrecht stehn!

Ob zornerfüllt, ob tränenvoll,
ob Jenseitsschrecken schon begann:
Das Grauen meines Alters soll
mich furchtlos finden, jetzt und dann.

Was kümmert's, daß der Himmel fern
und daß von Straf' mein Buch erzähl',
ICH bin der Meister meines Los',
ICH bin der Captain meiner Seel'!

William Ernest Henley

Ich glaube nicht, dass mit dem Tod alles aus ist.
Dieser wunderbare menschliche Körper,
dieses so unendlich komplizierte System,
unsere Seele, unsere Phantasie, unsere Gedanken –
alles nur für ein einmaliges kurzes Erdenleben?
Nein, das glaube ich nicht.
Kein Schöpfer wäre so verschwenderisch.
Wir verlassen die Erde. Aber wir kommen wieder.

Heinz Rühmann

Unsere Angst vorm Tod

Andrea: Im Januar 2010 verstarb mein über alles geliebter Großvater im Alter von 86 Jahren. Das war für mich ein sehr großer Verlust, denn ich hatte eine sehr enge Bindung zu ihm. Es war zugleich auch meine erste Erfahrung mit dem Tod eines mir so nahe stehenden Menschen. Ich hatte zwar als junger Teenager bereits meine Großeltern mütterlicherseits verloren, doch ich hatte zu Ihnen keine so enge, emotionale Bindung.

Der Tod meines Großvaters machte mich sehr traurig und ich vermisste ihn schrecklich. Kurz nach seinem Tod suchte ich ihn nochmals im Seniorenwohnheim auf, um mich von ihm zu verabschieden. Ich hatte noch nie zuvor einen toten Menschen so nahe gesehen und es war mir schon etwas mulmig zumute. Er lag in seinem Bett mit einem ganz friedlichen Gesichtsausdruck. Ich verabschiedete mich von ihm und strich mit meinen Fingern über sein Gesicht und seine Haare. Ich weiß noch, dass es wirklich irritierend für mich gewesen war, dass er nicht atmete und seine Haut sich ganz kalt anfühlte. Aber es half mir zu begreifen, dass er tatsächlich gestorben war. Ich sprach trotzdem mit ihm und verabschiedete mich, weil ich das Gefühl hatte, dass er mich hören würde. Ich weinte und war traurig, aber zugleich umfing mich in diesem kleinen Zimmer ein unbeschreiblich tiefer Friede, der mich tröstete. Während der darauf folgenden Monate sprach ich immer wieder mit meinem verstorbenen Großvater und ich bekam das Gefühl, dass es ihm sehr gut geht.

Nur acht Monate später verstarb auch meine Großmutter, die ohne ihren Mann einfach keine Freude mehr am Leben hatte. Sie kam mit akutem Nierenversagen ins Krankenhaus und danach ins Seniorenwohnheim, wo sie etwa fünf Wochen später verstarb. Diese Wochen waren für mich eine wichtige Erfahrung. Meine Großmutter wollte zwar nicht mehr ohne meinen Großvater leben, doch wirklich bereit zu sterben war sie auch nicht. Sie führte einen heftigen Todeskampf, in dem sich gute und schlechte Zeiten ständig abwechselten und wir nie wirklich wussten, ob wir noch hoffen können oder uns langsam verabschieden sollten. Ich hatte das Gefühl, dass sie in dieser Zeit nochmals ihr Leben gedanklich durchlief.

In den ersten Monaten nach dem Tod meines Großvaters habe ich sehr viel mit ihr über ihr Leben gesprochen und sie war voller Bitterkeit und fragte immer und immer wieder: „Was habe ich nur falsch gemacht in meinem Leben, dass ich das verdient habe?" Sie zog sozusagen Bilanz und es war so, als gäbe es plötzlich nur noch die Dinge, an die sie schlechte Erinnerungen hatte. Das erfahrene Leid wog um ein Vielfaches schwerer als die Freude. Und auch mein gutes Zureden konnte sie nicht beruhigen: Sie fühlte sich vom Leben ungerecht behandelt.

In ihrem Todeskampf hatte sich dies dann aber verändert. Ich spürte, dass sie sich jetzt schuldig fühlte für vieles, was sie in ihrem Leben getan oder nicht getan hatte. Und dass sie mit dieser Schuld nicht sterben wollte. Ich habe ihr damals gesagt, dass sie keine Schuld trifft. Dass sie immer so perfekt gehandelt und gelebt hat, wie es ihr möglich gewesen war. Ich habe sie darum gebeten, all ihre Gedanken und Sorgen loszulassen. Und genauso auch ihre Sorgen um uns, ihre Familie, die sie jetzt zurücklassen musste. Ich erzählte ihr, dass sie nach ihrem Tod ihren Mann und auch ihre geliebten Eltern wiedersehen würde.

Während ich das sagte, wurde sie immer ruhiger und schlief dann auch ein, nachdem sie sich zuvor völlig ruhelos in ihrem Bett hin und her gewunden und die ganze Zeit leise gestöhnt hatte. Es dauerte dann allerdings noch etwa zwei Wochen, bis sie wirklich ihre Sorgen und Ängste losgelassen hatte und ganz friedlich sterben konnte.

Niemand weiß, wie Sterben funktioniert bzw. was dabei oder danach auf einen zukommt. Und es ist verständlich, dass viele Menschen davor Angst haben und sich am liebsten gar nicht mit diesem Thema auseinandersetzen wollen. Meine Großmutter in ihrem Todeskampf so leiden zu sehen hat mir klargemacht, wie wichtig es ist, sich zu Lebzeiten mit seinem Leben auszusöhnen und seinen inneren Frieden damit zu machen. Und wenn wir ehrlich zu uns selbst sind, dann wissen wir ganz genau, was damit in unserem Leben gemeint ist. Vielleicht sollten wir uns mit einem bestimmten Menschen versöhnen. Vielleicht sollten wir alten Groll gedanklich loslassen. Vielleicht wäre es an der Zeit, uns einen neuen Partner zu suchen oder einen anderen Job. Vielleicht sollten wir unsere Lebensumstände so verändern, wie es uns glücklich macht und dass wir einmal

sagen können: „Ich habe gern gelebt und ich bereue nichts."
Fragen Sie Ihr Herz, denn es kennt die Antwort.

Der Gedanke, dass meine Seele unsterblich ist und nach meinem Tod nicht alles endet, sondern neu beginnt, freut mich und nimmt dem Sterben allen Schrecken.

„Was die Raupe Ende der Welt nennt, nennt der Rest der Welt Schmetterling." *Laozi*

Kontakt zu Verstorbenen

Maria: Es fällt uns Menschen oft schwer zu glauben, dass Verstorbene mit uns reden wollen. Und es ist absolut normal, dies zunächst für völlig verrückt zu halten. Wir erlauben uns nicht, es zu glauben, und fragen uns, ob es denn wirklich so einfach sein kann. Oder wir fragen uns: „Darf ich denn meinen geliebten Verstorbenen, der mir so fehlt, in seinem ewigen Frieden aufsuchen und ihn dabei vielleicht stören?" Oder wir haben Angst davor, was die Verstorbenen alles sehen und von uns wissen, und davor, was sie uns zu sagen haben. All diese Fragen und Bedenken sind verständlich, wenn wir uns vor Augen halten, welche Vorstellung wir durch unsere Erziehung und Kultur vom Tod haben.

In Wirklichkeit sind die Verstorbenen weitaus präsenter als gemeinhin angenommen. Auch wenn der Körper ruht, bleibt der Geist erhalten. Das Jenseits befindet sich nicht an einem anderen Ort, sondern lediglich in einem anderen, für uns normalerweise unsichtbaren Zustand. Wir können davon ausgehen, dass die Geistige Welt uns umgibt, an unserem Leben Anteil nimmt und uns begleitet. Häufig haben die Verstorbenen ein großes Bedürfnis, ihren Angehörigen etwas mitzuteilen. Manch einer hatte keine Zeit, Abschied zu nehmen, möchte ein Missverständnis klären oder einfach den Hinterbliebenen Trost spenden und mitteilen, dass er oder sie bei ihnen ist. Deshalb ist es auch nicht verwunderlich, dass man Tote nicht „rufen" muss, um in Kontakt zu treten, sondern diese von sich aus den Kontakt suchen und sehr dankbar sind, wenn sie wahrgenommen werden. Ähnlich wie Radio- oder Fernsehwellen, die auch permanent unsichtbar um uns sind und erst durch entsprechende Empfänger bzw. Antennen sichtbar und hörbar werden, benötigt die Geistige Welt einen Empfänger, ein Medium, um sichtbar bzw. hörbar zu sein.

Wie verläuft ein Jenseitskontakt?

Man kann vorab nie genau sagen, wie ein Jenseitskontakt exakt ablaufen wird. Auch kann ich nicht versprechen, dass der Kontakt genau zu **dem** Verstorbenen hergestellt werden kann, mit dem der Hinterbliebene sprechen möchte, da das Gelingen entscheidend vom Willen des Verstorbenen abhängt. Ich habe allerdings in meiner langjährigen Erfahrung noch nie erlebt, dass überhaupt kein Kontakt zustande kam.

Vor einem Jenseitskontakt muss ich mich konzentriert vorbereiten. Ich arbeite zwar nicht in Trance, versetze mein Bewusstsein aber in einen meditativ konzentrierten und tranceähnlichen Zustand, der mir ermöglicht, meine Kanäle für die Geistige Welt zu öffnen. Da im Allgemeinen gleich mehrere verstorbene Seelen auftauchen, ist es für mich hilfreich, vorab zu wissen, mit wem der Hinterbliebene in Kontakt treten möchte. Ich würde dann zuerst einmal die geistigen Wesen in ihrem Aussehen und ihrer Persönlichkeit beschreiben und Details nennen, um dem Hinterbliebenen und mir die Bestätigung für den richtigen Kontakt zu geben. Wenn ein Mensch zu Lebzeiten eine lustige und humorvolle Person gewesen war, wird er sich mir auch lustig und humorvoll vorstellen, eine verschlossene und introvertierte Person wird auch im Jenseits eher zurückhaltend auftreten. Deshalb kann es ebenso sein, dass der eine vor mir tanzt oder lustige Dinge erzählt und der andere eher traurig oder auch zornig erscheint.

Wie bereits erwähnt, besteht in der Geistigen Welt ein großes Bedürfnis, sich mitzuteilen. Mitunter kann es vorkommen, dass mehrere Verstorbene gleichzeitig sprechen und ich mich darauf konzentrieren muss, die Fülle von Botschaften aufzunehmen und sofort an die Hinterbliebenen weiterzugeben. Es kann passieren, dass ich dann ununterbrochen spreche, zum Teil auch in unterschiedlichen Stimmlagen. Hierbei ist es für mich hilfreich, nicht unterbrochen zu werden. Wenn es ruhiger zugeht, ist eine Zwischenfrage durchaus möglich, nach meiner Erfahrung aber kaum nötig. Wie gesagt, begleiten uns die Verstorbenen, sie wissen, welche Probleme und Fragen ihre Angehörigen beschäftigen und teilen die Antworten hierzu meist ungefragt mit. Ganz wichtig ist es mir, dass Sie wissen, dass die Verstorbenen immer sehr liebevoll mit uns reden. Sie haben nach ihrem Tod einen anderen „Blickwinkel" auf die Dinge als noch zu Lebzeiten und möchten Ihnen stets nur in Liebe begegnen. Sie kennen Ihre Ängste und werden sie berücksichtigen.

Als Medium sehe ich mich als Vermittler zwischen hiesiger und jenseitiger Welt. Für mich ist der Kontakt zum Jenseits etwas Selbstverständliches, weiß ich doch um das hohe Mitteilungsbedürfnis auf beiden Seiten.

Verlust eines Kindes

Maria: Ich möchte im Folgenden gerne aus dem Leben von Kerstin erzählen, die ihr dreijähriges Kind Laura verloren hat. Kerstin rief mich sehr verzweifelt an und bat mich, für sie einen Jenseitskontakt zu ihrer verstorbenen Tochter herzustellen.

In unserem ersten Telefongespräch nahm ich also Kontakt mit ihrer Tochter Laura auf und bekam als Erstes das Bild einer jungen, glücklichen Frau, der es sehr gut geht. Gleichzeitig bekam ich die Information, dass diese junge Frau ein kleines Kind ist, das vor noch nicht allzu langer Zeit sehr plötzlich verstorben war. Ich hatte von Kerstin zuvor keinerlei Informationen darüber erhalten, unter welchen Umständen–, wann, wie oder woran – Laura verstorben war. Und tatsächlich: Kerstin konnte mit diesen Informationen etwas anfangen, da Laura erst vor einigen Wochen aus unerklärlichen Gründen verstorben war. Zwar war Laura vor ihrem Tod immer wieder etwas kränklich gewesen, aber nicht so, dass man hätte vermuten können, dass sie sterben würde.

Laura erzählte mir, dass es so vorgesehen war und dass ihre Zeit auf Erden abgelaufen war und dass Kerstin ihren Tod nicht hätte verhindern können, egal welche Maßnahmen sie auch getroffen hätte, wie z. B. weitere Untersuchungen, Einnahme von Antibiotika.

Laura erzählte weiter, dass sie sich jetzt in der Geistigen Welt befindet und dort dafür zuständig ist, Kerstin zu helfen, dass sie ihre Lebensaufgabe annimmt. Diese besteht darin, ihre heilerischen Fähigkeiten, ihre Begabung, Dinge vorauszusehen, zum Wohle der Menschen einzusetzen.

Der Tod von Laura sollte ihr helfen, von dem Irrglauben abzukommen, dass die Schulmedizin und Medikamente fähig sind, über Tod und Leben zu bestimmen. Sondern vielmehr sollten sie glauben, dass die Seele selbst bestimme, wie lange sie sich auf Erden aufhalten möchte und dass wir Menschen akzeptieren müssen, dass alles vorbestimmt ist – auch der Tod eines geliebten Menschen.

Wir wurden von der Geistigen Welt mit einem freien Willen ausgestattet, mit dem wir selbst entscheiden können – wir sind also keine Marionetten, die tun müssen, was man ihnen vorgibt. Doch die großen und bedeutenden Dinge sind vorbestimmt. Wir haben sie uns zuvor selbst ausgesucht als Weckrufe oder Wegweiser oder Hinweisschilder. Sie sollen uns wachrütteln, weiterbringen, stärker machen usw.

Sobald wir damit beginnen, unser Leben mit diesen Augen zu sehen, entschärfen sich viele Situationen und wir erlösen uns selbst aus unserer Schuld. Das bedeutet nicht, dass dies ein Freibrief für uns ist, völlig sorglos zu handeln. Wie gesagt, wir selbst entscheiden, welchen Weg wir gehen, welches Leben wir leben, welche Gedanken wir denken, welche Sorgen wir uns machen usw. Was wir aus dem machen, was vorbestimmt ist, liegt allein in unserer Verantwortung.

Kerstin kann die schöne Botschaft von Laura, dass sie selbst keine Schuld am Tod ihrer Tochter trägt, nicht glauben. Stattdessen verfällt sie immer wieder in ihre Selbstzweifel und macht sich schwere Vorwürfe. Sie hat eine Riesenangst davor, sich nicht mehr schuldig zu fühlen. Denn dieses Gefühl ist ihr vertraut. Auch wenn es noch so schrecklich sein mag, sich schuldig zu fühlen, fällt es ihr leichter, als sich nicht mehr schuldig zu fühlen, denn dieses Gefühl ist ihr unbekannt und alles Neue macht uns oft Angst. Das klingt verrückt, wenn man es von außen betrachtet, doch wenn man in der Situation steckt, fühlt und handelt man oft auch unbewusst in seinen alten „Verhaltensmustern" und seinen „Lieblingsgefühlen".

Kerstin glaubt zwar an die Geistige Welt, doch sie hat immer wieder das Gefühl, dass sie Laura hätte retten können. Spätere Untersuchungen nach Lauras Tod bestätigten ihr sogar, dass Laura an einem Herzinfarkt gestorben war, und somit war Kerstin auch aus ärztlicher Sicht rehabilitiert.

In weiteren Gesprächen mit Kerstin und mir wurden die falschen Lebensverhältnisse, in denen sie steckte immer deutlicher. Viele Dinge in ihrem Leben passten gar nicht zu ihr, z. B. der Mann, mit dem sie zusammen war oder ihre Arbeitsstelle. Und es wurde schnell klar, dass sie ein Leben führt, das nicht zu ihr passte und dass sie nun die Chance hatte, sich Stück für Stück wieder neu zu finden und dieses vermeintliche „Unglück" vom Tod ihrer Tochter in ihr persönliches Glück umzuwandeln. Kerstin hatte in ihrem Leben schon oft gefühlt, wenn es einem Menschen gesundheitlich schlecht ging und er dringend Hilfe benötigte. Es war schon einige Male vorgekommen, dass Menschen gestorben waren, bei denen sie solch eine Vorahnung gehabt hatte. Als Kerstin klar wurde, welche Verantwortung sie mit dieser „Gabe" besaß, ließ sie sich zur Heilpraktikerin ausbilden. Doch nach der Ausbildung verließ sie der Mut und sie arbeitete nie in diesem Beruf.

Der Tod ihrer Tochter Laura sollte sie wieder an ihre Bestimmung erinnern und sie konnte ihr nach ihrem Tod dabei von der Geistigen Welt aus helfen.

Wir Menschen glauben aus Egoismus heraus, dass eine geliebte Person unbedingt dableiben muss, und halten diese fest, egal wie krank sie ist oder wie elend es ihr hier auf Erden geht. Wir wollen weder akzeptieren, dass dieser

Mensch nun in der Geistigen Welt ist. Noch wollen wir hören, dass es diesem Menschen jetzt besser geht, denn um was es dabei wirklich geht, ist unser eigenes Leid, was wir als noch schlimmer empfinden, wenn ein geliebter Mensch stirbt. Und da wollen wir oft nicht hinsehen. Der gestorbene Mensch wird nicht weinen über seinen eigenen Tod – warum also sollten wir traurig sein? Doch nur, weil wir ihn vermissen, und das bedeutet nichts anderes, als dass wir unsere Einsamkeit oder Leere stärker empfinden als zuvor. Der Trauerprozess ist sehr wichtig, um sich mit sich selbst auseinanderzusetzen, und man sollte ihn immer sehr bewusst durchleben. Aber er hilft immer nur uns und nicht dem Gestorbenen, denn der benötigt keine Trauer: Sobald die Seele die menschliche Hülle verlässt, hat sie keine Schmerzen mehr. Es geht ihr gut und alles an Entbehrungen wird ihr wieder zurückgegeben. Die Seele kommt wieder mit ihrer Seelenfamilie zusammen.

Andrea: Auch ich durfte bereits mehrfach erleben, wie Verstorbene mich aufgesucht und mich gebeten haben, zu vermitteln.

Meine vier verstorbenen Großeltern kann ich regelmäßig spüren oder hören, und es tröstet mich, dass es ihnen so gut geht. Immer wieder ermutigen sie mich oder sagen mir, wie sehr sie mich lieben und sich über mich freuen.

Einmal warnte mich meine Großmutter väterlicherseits über Maria auch davor, mich in einen bestimmten Mann zu verlieben. Und es stellte sich heraus, dass ihre Warnung ein guter Rat war. Sie hat es Maria zwar recht ungestüm vermittelt, doch sie hatte einfach Angst um mich. Verstorbene, die noch nicht lange tot sind, brauchen noch etwas Übung darin, wie sie sich uns verständlich mitteilen können.

Meine Großeltern mütterlicherseits dagegen sind schon über 20 Jahre tot bzw. in der Geistigen Welt und sie sind sehr „weise". Von ihnen höre ich immer wieder, dass sie sehr stolz auf meine Entwicklung sind. Und einmal erzählte mir mein Großvater durch Maria etwas von meiner Mutter, also seiner Tochter. Er sagte mir, wie meine Mutter als Kind gewesen war. Und er erklärte mir, dass er sich zu Lebzeiten ihr gegenüber auch oft nicht so gut verhalten habe, wie er es heute tun würde. Und er vermittelte mir damit sehr viel Verständnis für meine Mutter, was für unsere Beziehung sehr förderlich war.

Ein anderes Mal nahm ein verstorbener Vater zu mir Kontakt auf, dessen Sohn ich kenne. Er ist gestorben, als sein Sohn 23 Jahre alt war. Ich hatte keine Ahnung, wie ich dem Sohn erklären sollte, dass sein Vater mit ihm Kontakt aufnehmen möchte und er sich z. B. von Maria einen Jenseitskontakt herstellen lassen könnte. Aber sein Vater kam mir zur Hilfe und sprach eines Abends so mit mir, dass ich daraus einen Brief an den Sohn verfassen konnte. Als ich seinem Sohn davon erzählte, war er zwar überrascht, aber er wollte den Brief auch gerne lesen.

Im Folgenden sind einige Auszüge dieses Briefes angegeben, weil er ein Beispiel dafür ist, wie wunderschön und wie tröstlich und stets positiv solch ein Kontakt zu lieben Verstorbenen ist. Die persönliche Anrede ist diskret abgeändert in „mein Sohn".

„Mein lieber Sohn,

Ich möchte Dir sagen, dass ich unsagbar stolz auf Dich bin. Du bist beruflich Deinen eigenen Weg gegangen – den Weg Deines Herzens. Und ich habe begriffen, dass es im Leben nichts Wichtigeres gibt, als seinem Herzen zu folgen.
Von hier aus betrachtet, sehen viele Dinge anders aus als noch zu Lebzeiten.

Mein Sohn, ich liebe Dich so sehr und es tut mir sehr leid, dass ich Euch so früh verlassen habe. Aber es war damals Zeit für mich zu gehen.
Ich spüre Deinen tiefen Schmerz über meinen Tod und ich spüre auch, wie Du immer wieder aufs Neue versuchst, diesen Schmerz zu überleben.
Du erlebst alles sehr intensiv, weil Du erfahren musstest, wie schnell doch alles vorbei sein kann. Diese Erfahrung schmeckt bitter, doch letztlich bedeutet sie nur, dass das Leben im Augenblick des Erlebens stattfindet, den es zu genießen gilt. Wir können nichts festhalten. Weil uns auch nichts gehört. Wir kommen ohne etwas und wir gehen mit nichts. Und die Zeit dazwischen dürfen wir füllen mit Erfahrungen, Erkenntnissen – mit Leben im Hier und Jetzt mit Hilfe unserer Sinne.

Ich weiß, das macht Deinen Schmerz nicht leichter. Und es nimmt Dir nicht Deine tiefe Sehnsucht nach einer Heimat und dem Gefühl der Zugehörigkeit. Ich weiß, wie Du Dich fühlst. Ich kenne Deine Gedanken, Deine Ängste, Deinen Schmerz.

Vertraue, mein Sohn, vertraue. Dir selbst und denen, die Dich beschützen und begleiten – Deinen Schutzengeln, Deinen Geistführern, Deinem Gott oder an was immer Du glauben kannst.
Ich bin bei Dir. Suche mich, sprich mit mir und ich werde mich von Dir finden lassen. Ich liebe Dich so sehr. Alles wird gut werden für Dich, mein Sohn.
Gib Deinen Ängsten keinen Raum mehr. Was man liebt, kann man nicht wirklich verlieren. Auch ich bin Dir nicht wirklich verloren gegangen, ich bin jetzt nur anders bei Dir und intensiver. Meine Möglichkeiten, Dir zu helfen und Dir den Rücken zu stärken, sind jetzt so viel größer! Und mein Blick so viel weiter und mein Wissen so viel weiser.

Zögere nicht, mit mir in Kontakt zu treten. Ich bin mit Dir. Und weil Du ein Teil von mir bist, sind wir unzertrennlich – für immer miteinander verbunden – für immer eins.

Mein Herz ist übervoll und ich bin so glücklich, einen Weg gefunden zu haben, mich Dir mitzuteilen.
Ich bin bei Dir.
Ich bin so stolz auf Dich. Ich habe Dich genau so gemeint, wie Du bist. Mein wundervoller Sohn, ich liebe Dich.
Und jetzt geh hinaus in die Welt und „spiele" ... das Leben hält noch so viel Freude für Dich bereit!

Dein Dich liebender Vater"

Der innere Heiler

Maria: Jeder Mensch hat einen inneren Heiler, der genau weiß, was wir benötigen, um heil zu werden.

Oft höre ich von meinen Kunden: „Ich habe das irgendwie schon immer gewusst, dass ..." Oder: „Im Grunde war mir das selbst bewusst, aber ..." Oder: „Ich hatte da so eine Ahnung ..." Sie haben vermutlich auch schon oft selbst gespürt, dass dies oder jenes Ihnen helfen würde. Doch Ihre Zweifel, Ängste oder Lebensumstände haben Sie sich wieder davon abbringen lassen.

Die Aufgabe unseres inneren Heilers ist es, uns immer wieder ein Stückchen näher zu uns selbst zu bringen. Zu unserer Quelle, zu unserem inneren Wissen. Daher auch mein Rat an Sie: alles zu **Ihrer** Zeit!

Unsere Ungeduld bringt uns zum Verzweifeln. Unsere Selbstkritik zermürbt uns. Es ist nicht unser Umfeld, das nicht an uns glaubt, sondern wir sind es, wenn wir ganz ehrlich sind. Ich habe einmal in einem Buch von Louise L. Hay die Aussage gelesen: „Wenn die anderen wüssten, wer ich wirklich bin, würden sie mich nicht lieben."

Jeder Mensch hat am meisten Angst vor sich selbst. Jeder Mensch hat Angst davor, weiter in sich hineinzuschauen, weil wir nicht genau wissen, was da zum Vorschein kommen könnte. Was sich da alles noch an Untiefen verbirgt. Es ist doch viel einfacher, den Fokus auf unser Gegenüber zu richten und andere Menschen zu beurteilen, zu kritisieren und zu versuchen, diese zu verändern. Anstatt einfach mal bei sich selbst anzufangen.

Wenn wir verstehen, dass alles „Übel" bei uns selbst versteckt liegt und wir selbst die Wahl haben, mit diesem

Übel zu leben oder es langsam, aber sicher abzulegen, haben wir schon den halben Weg geschafft.

Kinder

Maria: Immer mehr Kinder sind heutzutage Außenseiter, weil sie anders sind und in diesem Anderssein missverstanden werden. Sie sind sensibler und sensitiver als andere Kinder und oft zu sozial. Sie sind Träumer und können sich nirgends einfügen. Bei ihnen zeigen sich Störungen wie z. B. extreme Prüfungsängste oder Bulimie, Suizidversuche, ADHS.

Solche Kinder werden auch als so genannte Indigo-Kinder bezeichnet. Auch der Begriff Kristallkinder wird damit in Zusammenhang gebracht. Die Indigo-Kinder wurden ab ca. 1960/1961 geboren. Ab dem Jahr 2000 kommen überwiegend Kristallkinder auf die Welt. Sie werden mit nur ganz wenig Karma geboren und sind sozusagen schon „fertig", d. h. sie benötigen keine großartige Erziehung, sondern sind einzigartig und komplett. Wichtig dabei ist, dass man dies als Eltern oder Lehrer erkennt. Heute herrschen leider noch andere Richtlinien in den Schulen: Leistungsdruck, unnötige Paukerei von Lehrstoff, den niemand irgendwann ernsthaft braucht im späteren Leben. Und wenn man ehrlich ist, fehlen doch häufig auch die Liebe und Akzeptanz des Kindes. Aber genau das ist es, was die heutigen, sehr empfindsamen Kinder benötigen: die Liebe und den Rückhalt und den Glauben an sie. Aufmerksamkeit und Lob, all das, was jeder Mensch so nötig hat wie die Luft zum Atmen. Ist es nicht genau das, wonach wir alle unser Leben lang suchen: die Liebe und die absolute Akzeptanz?

Ich erlebe besagte Kinder bzw. deren Eltern immer wieder in meiner Beratung und dann ist es mir sehr wichtig, besonders den Müttern aufzuzeigen, dass ihre Kinder nicht seltsam oder schwierig sind, sondern einzigartig und besonders. Die Mütter dürfen verstehen, dass sie nichts falsch gemacht haben in der Erziehung und dass sie keine Schuld haben.

Man kann diese besonderen Kinder nicht durch Erziehung verändern – sie lassen sich nirgendwo hineinzwängen und werden immer wieder ausbrechen und ihren eigenen Weg gehen.

Mein Sohn Andreas ist eine Mischung aus Indigo- und Kristallkind. Als Kleinkind war es für ihn selbstverständlich, mit seinen unsichtbaren Spielkameraden zu spielen. Er brauchte nicht viel Spielzeug, denn er war in seiner eigenen Welt. Als dreijähriges Kind erzählte er mir Geschichten, die mich einerseits faszinierten, aber auch andererseits total ängstigten, denn ich dachte mir: „Mein Kind ist nicht normal", da ich noch nichts von Medialität in der Form wusste, wie ich es heute weiß. In der Schule wollten ihn die Lehrer in die Sonderschule versetzen, weil er während des ganzen Unterrichts zum Fenster hinaus- träumte und nicht am Unterricht teilnahm. Ich habe ihn dann bei einem Psychologen einen IQ-Test machen lassen, der bestätigt hat, dass er keinesfalls in die Sonderschule gehört. Damals habe ich mich immer wieder gewundert, wie er die Schule geschafft hat, da er die meiste Zeit geistig nicht anwesend gewesen war. In der Schule war er der Außenseiter, aber zugleich war er mit einer solch ungewöhnlichen Sozialkompetenz und einem Allgemeinwissen ausgestattet, dass es schon richtig unheimlich war. Heute ist er 26 Jahre alt und Elektriker und hat seine Müh und Not, in dieser materiellen und kalten Welt zurechtzukommen. Ist er aber z. B. mal in einem spirituellen Zirkel dabei und kann seine Medialität leben, dann ist er in seiner Mitte und stellt sich in einer Selbstsicherheit dar, die er sonst so nie zeigen kann. Er hat seinen Weg vor sich und ist dabei, seine Erfahrungen zu machen, um irgendwann seine wahre Berufung zu leben.

Die Eltern eines solchen Kindes haben oft das Gefühl, als hätten sie vier Kinder statt nur einem, weil es sie so viel Energie kostet. Oftmals war bereits die Geburt dieser Kinder sehr langwierig oder kompliziert, denn diese Kinder wollen nur ungern in unsere Welt kommen. Und oft berichten Mütter, dass die Kinder bei der Geburt fast gestorben wären. Sie sind oft Schreikinder, die sehr anhänglich sind und häufig eine extrem enge Bindung zu den Eltern, meist zur Mutter, eingehen.

Den Eltern solch besonderer Kinder kann geholfen werden, indem sie über diese Umstände informiert werden. Wichtig ist in diesem Zusammenhang auch, dass man in der Beratung karmische Verstrickungen und auch Besetzungen innerhalb der Familie beachtet und auflöst.

Zu mir kam beispielsweise einmal ein Vater mit seinem Sohn, nennen wir ihn der Einfachheit halber Jonas. Jonas hatte seine erste Lehre bereits abgebrochen und in der zweite Lehre stand er nun ebenfalls kurz davor, sie abzubrechen. Es gelang ihm einfach nicht, den Führerschein zu machen, irgendetwas schien ihn davon immer abzuhalten. Jonas war recht aggressiv und hatte oft Selbstmordgedanken. In der Beratung stellte sich heraus, dass Jonas von seinem verstorbenen Onkel besetzt war. Dieser starb bei einem Autounfall noch vor Jonas' Geburt. Es kommt vor, dass Verstorbene am Ort des Geschehens bleiben oder zur Familie zurückkehren. Wenn ein Kind auf die Welt kommt, haften sich diese dann sozusagen an das Neugeborene (besetzen es) und beeinflussen dessen Leben. Dies war auch bei Jonas und seinem Onkel geschehen. Sein Onkel versuchte Jonas zu beschützen und wollte auch nicht, dass Jonas den Führerschein macht, weil er Angst davor hatte, dass sich sein eigener Unfalltod bei Jonas wiederholen könnte. Jonas war außerdem auch noch von seinem Großvater besetzt, der Selbstmord begangen hatte. Die beiden hatten vergessen, dass sie sich in einem anderen Körper – Jonas' Körper – befanden und übernahmen teilweise die Führung. Diese Führung ist geprägt von den Erfahrungen und Ängsten der jeweiligen Besetzer. Bei Kindern sind Besetzungen besonders auffällig, da die Kinder dermaßen außer Kontrolle geraten und sich extrem auffällig verhalten. Keine Erziehungsmaßnahmen fruchten. Keine vernünftigen Argumente greifen in der Erziehung.

Nach einem Clearing verändert sich die Person und kann endlich sich selbst werden. Das ist für diesen Menschen oft nicht einfach, da sich nach so einer Behandlung ein Gefühl der Leere einstellen kann und es eine Weile dauert, bis man sich wieder erfüllt fühlt. Das ist auch kein Wunder, wenn z. B. wie im Fall von Jonas zwei solche Persönlichkeiten ein Leben lang bei einem „wohnen" und einen beeinflussen. Verstorbene Seelen suchen sich im Übrigen oft solche Menschen als Zuhause, die viel an sie denken oder die besonders feinfühlig sind oder auf einer ähnlichen Schwingung wie sie selbst sind. Dies zeigt sich körperlich, wenn jemand eine Schwachstelle hat, z. B. Kopfschmerzen, Herzbeschwerden oder Knieschmerzen um nur einige Symptome zu nennen. Häufig stellt sich eine Verbesserung der Krankheit nach einem Clearing ein, wenn z. B. eine Seele im linken Knie gewohnt hat und man selbst immer Knieprobleme in seinem Leben gehabt hat. Klienten von mir berichten, dass sie regelrecht sehen oder spüren können, wie das Wesen aus dem Körper aussteigt und ins Licht geht.

Andrea: Die folgende Geschichte entstand in einer meiner Ausbildungen, bei der alle Teilnehmer eine kleine Geschichte schreiben sollten – eine so genannte Metapher.

„Es war einmal ein kleines Teelicht, das sich einen Plastikbeutel mit 99 anderen Teelichtern teilte und in einem Kaufhaus darauf wartete, gekauft zu werden. Es fühlte sich nicht mehr wohl in seiner Haut. Die anderen Teelichter spielten miteinander, lachten unbeschwert und freuten sich des Lebens. Aber das kleine Teelicht verspürte keinen Grund zur Freude. Was war das für ein Leben, das man zusammengepfercht in einem Plastikbeutel verbringt? Hatte das Leben nicht mehr zu bieten? Das Teelicht hatte es satt, jeden Tag auf dieselbe Art und Weise zu verbringen. Aber es wusste einfach nicht, wie es sein Leben verändern könnte.

Eines Tages fragte es das Teelicht links neben ihm, was es denn in seinem Leben noch alles erreichen wolle. Dies sagte dazu: ‚Erreichen? Was soll ich denn erreichen? Ich bin ein Teelicht. Irgendwann werde ich angezündet, dann werde ich für eine Weile brennen und irgendwann wird meine Flamme erlöschen, weil das Wachs aufgebraucht ist.‘ ‚Und bis dahin?‘, fragte das kleine Teelicht. ‚Bis dahin spiele ich mit den anderen, lache und genieße das Leben.‘

Und schon rutschte es zum unteren Ende des Plastikbeutels und spielte mit den Teelichtern dort „Blindekuh". Das kleine Teelicht wurde jedoch immer trauriger und fühlte sich noch kleiner und unwichtiger.

Doch eines Tages, es war im Dezember, geschah es, dass eine junge Frau den Plastikbeutel mit den Teelichtern kaufte und mit nach Hause nahm. Zu Hause angekommen, riss sie den Sack auf und griff ausgerechnet nach dem kleinen, traurigen Teelicht. Sie nahm es heraus und stellte es auf einen kleinen Tisch. Das ganze Zimmer war sehr dunkel und draußen war es bitterkalt. Sie griff nach einem Streichholz, zündete es an und brachte das kleine Teelicht zum Brennen. Dieses erschrak ein wenig, denn es war noch nie von den anderen Teelichtern getrennt worden und Feuer kannte es auch noch nicht.

Als es aber eine Weile gebraucht und sich an die Hitze gewöhnt hatte, fand es Gefallen an der Kraft und der Energie, die ihm das Feuer verlieh. Und wie es um sich blickte, erkannte es, dass es ganz alleine dieses große, dunkle Zimmer erhellte. Es verspürte in sich plötzlich ein Gefühl von Glück und Zufriedenheit und ihm wurde klar, dass es zum Leuchten geboren war und was für eine wunderbare und bedeutungsvolle Lebensaufgabe es damit hatte."

Andrea Sutter

Gewichtsprobleme

Maria: Ich habe in meinem Leben schon so viel erlebt und durchgemacht. Habe an mir gearbeitet und Dinge aufgelöst. Auch an meinem Gewicht .

Als Kind war ich untergewichtig durch mein Asthma. Von meinem Charakter her war ich aber äußerst schüchtern und fühlte mich unscheinbar bzw. nicht wichtig. Als Teenager bekam ich rundliche, weibliche Formen und wurde dafür prompt gehänselt. Mein erster Mann hat mir während unser Ehe immer wieder gesagt, dass ich zu dick sei und unbedingt an meiner Figur arbeiten müsste. Zum Verständnis: Ich hatte damals zeitweise 53 kg bei 170 cm – ich war also deutlich untergewichtig. Mein Bild von mir war, dass ich einen riesigen Hintern habe und ich mich dafür schämen muss. Obwohl ich bis dahin nie Übergewicht gehabt hatte oder zu dick gewesen war, hatte ich die ganze Zeit über das Gefühl, ich sei viel zu dick, und habe deshalb immer wieder einige Kilos abgehungert oder abtrainiert.

Ich fühlte mich damals noch zu keiner Zeit wichtig oder wertvoll. Ich glaubte, dass ich nichts könne und dass aus mir auch nichts werden würde. Bei jedem Versuch, schlanker zu sein, hatte ich kurzfristig das Gefühl, schöner und wertvoller zu sein. Aber mit dem Abnehmen habe ich meine Unsicherheit nicht wirklich gelöst, mein Wertesystem nicht geändert. Im Gegenteil: Mit jedem Abnehmen fühlte ich mich kleiner statt größer und minderwertiger statt wertvoller. Jeder Versuch musste scheitern, denn meine Seele wollte wichtig genommen werden. Wahrgenommen werden. Ich wollte nicht mehr übersehen werden.

Beim Schreiben dieses Buches hatte ich mal wieder eine Krise, weil ich während meiner Wechseljahre immer gewichtiger wurde. Ich fragte die Geistige Welt, warum ich immer mehr Gewicht zulege, und sie antworteten: „Weil du immer größer wirst. Größer im Sinne von wertvoller und wichtiger." Und das stimmte: Mein Selbstwertgefühl ist heute ein ganz anderes als früher.

Ich muss mich nur noch an meine neue Größe gewöhnen. Mein Selbstbild annehmen. Meine Größe und meinen Wert annehmen. Mich nicht zu sehr auf jedes Gramm zu fokussieren und jedes noch so kleine Pölsterchen als Katastrophe zu betrachten. Die Geistige Welt hat auch zu mir gesagt, es kümmert keinen meiner Kunden, ob ich 10 kg mehr oder weniger auf der Waage habe, sondern wie ich sie behandle.

Wenn ich ehrlich bin: Je mehr ich mich auf den Menschen konzentriere und ihn z. B. nicht mehr auf den Pickel reduziere beim Betrachten, sondern auf das Ganze achte, desto mehr werden die Details dieses Menschen völlig unwichtig.

Wenn ich nur daran denke, wie viele Frauen sich fast verrückt machen, wenn sie ein erstes Date haben. Wie viel Zeit und Geld sie aufbringen für Kleidung, Friseur, Körperpflege oder Kosmetik usw. Und wenn dann die erste Berührung stattfindet, verkrampft sich die Frau, weil sie sich die ganze Zeit fragt, ob sie auch schön genug ist, oder weil ihr einfällt, dass sie vergessen hat, ihre Haare an den Beinen zu entfernen. Oder weil sie sich fragt, was er von ihr denkt, wenn er ihre Cellulite an den Oberschenkeln sieht usw. Und wenn man dann den Mann danach fragt, kommt zu 99 % heraus, dass ihm all diese Punkte gar nicht aufgefallen sind.

Natürlich gibt es auch andere Ursachen für die Gewichtszunahme bzw. dafür, dass unser Körper mehr Bedeutung, also mehr (Ge-)Wichtigkeit von uns fordert. Die häufigste Ursache für Gewichtsprobleme sind unverarbeitete, unterdrückte Emotionen wie z. B. Wut, Verzweiflung, Traurigkeit, Ablehnung, Selbstzweifel, Kritik, Selbstzerstörung und Hass.

Vielleicht gehören Sie auch zu den Menschen, die schon alles ausprobiert haben und bei denen vieles auch vorübergehend funktionierte. Aber eben leider nur vorübergehend. Wenn das Gewicht langsam wieder zurückkehrt, kommen auch wieder die Selbstvorwürfe über die eigene Disziplinlosigkeit und die Verbitterung darüber, dass man, obwohl man ja wirklich nicht so viel isst, immer wieder zunimmst und andere sich den Bauch voll schlagen können, ohne zuzunehmen. Wie ungerecht.

Diese Gedanken bewirken, dass **unsere Seele weint.** Dadurch, dass wir uns gedanklich immer mehr bestrafen für unser Unvermögen, kommt im Laufe der Jahre immer mehr Gewicht dazu. Unser Fokus ist die ganze Zeit auf das Übergewicht (bzw. auf das Abnehmen) gerichtet, anstatt auf dessen Ursache: unsere wunde Seele, um die wir uns zuerst kümmern sollten.

Wir brauchen unser Gewicht als Ausgleich, um zu überleben, da in unserem Leben so viele Situationen sind, die wir mit niemandem besprechen können, und wir so viel ertragen müssen.

Es gibt zahlreiche Ratgeber fürs Abnehmen und zahlreiche Diäten oder Fitnessprogramme. Doch **wenn die Seele weint, nützt das beste Wissen und Anwenden nichts.** Unser Bemühen und Bestreben sollte darin liegen, zu schauen, was wir für uns und unsere Seele tun können, um „wichtig" zu werden. Wir sollten versuchen, uns so zu lieben, wie wir sind, und uns nicht darauf zu reduzieren, wie wir aussehen, wie viel Pfunde wir auf die Waage bringen oder was für eine Kleidergröße wir tragen.

Dabei weiß ich aus eigener Erfahrung, dass man nicht einfach von jetzt auf nachher anders denken kann. Dies ist ein Lernprozess, der dauert und bei dem man sich begleiten lassen sollte. Ich unterstütze meine Kunden dabei, einen Weg zu sich zurück zu finden. Die vielen Wunden in ihrer Seele zu heilen. Und ich helfe ihnen dabei, sich selbst glücklich zu machen.

Ich bringe ihnen keine neue Ernährungstheorie bei und auch kein neues Fitnessprogramm. Vielmehr helfe ich ihnen dabei, ihr Gewicht – **ihre Wichtigkeit** – in ihrem Leben zu finden.

Jeder Mensch ist dazu bestimmt, zu leuchten!

Unsere tiefste Angst ist nicht, dass wir ungenügend sind. Unsere tiefste Angst ist, über das Messbare hinaus kraftvoll zu sein.

Es ist unser Licht, nicht unsere Dunkelheit, das uns am meisten Angst macht.

Wir fragen uns: „Wer bin ich, mich brillant, großartig, talentiert, phantastisch zu nennen?"

Aber wer bist du, dich nicht so zu nennen?

Du bist ein Kind Gottes. Dich selbst klein zu halten, dient nicht der Welt. Es ist nichts Erleuchtetes daran, sich so klein zu machen, dass andere um dich herum sich nicht unsicher fühlen. Wir sind alle dazu bestimmt, zu leuchten, wie es die Kinder tun. Wir sind geboren worden, um den Glanz Gottes, der in uns ist, zu manifestieren.

Er ist nicht nur in einigen von uns, er ist in jedem Einzelnen.

Und wenn wir unser Licht erscheinen lassen, geben wir anderen Menschen die Erlaubnis, dasselbe zu tun.

Wenn wir von unserer eigenen Angst befreit sind, befreit unsere Gegenwart automatisch andere.

Nelson Mandela
Ehem. Staatspräsident Südafrikas, Antrittsrede 1994

93

„Heute: Das ist dein Leben."   *Kurt Tucholsky*

Glaube und Spiritualität

Maria und Andrea: Die Frage nach dem Glauben beschäftigt uns seit Menschengedenken. Wo komme ich her und wo gehe ich hin? Welchen Sinn macht dies alles hier? Warum passiert dieses oder jenes?

Auf diese Fragen gibt es viele unterschiedliche Antworten.

Wir können Ihnen darauf jeweils keine Antwort geben, weil wir der Ansicht sind, dass jeder diese Fragen selbst für sich beantworten muss. Sie werden von uns nicht zu hören bekommen, dass unsere Ansichten die einzig wahren sind und dass sie für alle Menschen gelten müssen. Unser Glaube oder unsere Spiritualität sind das Ergebnis unserer jahrelangen persönlichen Suche und unserer Erfahrungen. Jeder Mensch hat seine individuelle Spiritualität. Natürlich teilen wir sie in vielen Dingen mit anderen Menschen. Trotzdem erlebt es jeder ganz persönlich.

Es mag Menschen geben, die auf Marias spirituelle Arbeit mit Ablehnung reagieren. Das klingt für sie zu „esoterisch" und zu unglaubwürdig. Verstorbene, die einem erscheinen und etwas mitteilen? Engel, mit denen man sprechen kann? Heilung mittels Energieübertragung? Antworten aus einer Geistigen Welt? Hellsehen, Hellhören und Hellfühlen? Das klingt nach Jahrmarkt, nach Geldmacherei und Abzocke und nach Volksverdummung. Im besten Fall nach Hirngespinsten.

Diese Meinung hat ihre Berechtigung. Genauso wie die Erfahrungen, die die Menschen machen, die sich auf ihre eigene spirituelle Reise begeben, und wie das, was sie dabei für sich herausfinden.

Wir glauben daran, dass Marias Arbeit effektiv ist, wenn man sich darauf einlässt. Dennoch bitten wir Sie, sich immer zu fragen, ob das, was Sie hier lesen oder sonst irgendwo hören zum Thema Spiritualität, in Resonanz tritt mit Ihrem Gefühl und mit Ihrem Denken und Wollen. Nur dann ist es auch für Sie stimmig. Und nur dann zeigt es auch Wirkung.

Glaube könnte man auch als Zugehörigkeit bezeichnen. Zu wem oder was fühlen Sie sich zugehörig?

Andrea: Als Kind von Eltern, die mir ihre Liebe nicht so gut zeigen konnten, wollte ich dies immer kompensieren und war auf der Suche nach Liebe und Anerkennung. So kam ich zur Kirche. Die Gemeinschaft mit den anderen Kindern und Jugendlichen und mit den freundlichen Erwachsenen, die sich Zeit für mich nahmen, war für mich ein willkommener Ausgleich für zu Hause.

Ich blühte sehr auf in dieser Gemeinschaft, in der ich auch meine Talente entdecken und ausleben durfte. Aber ich war damals auch sehr naiv. Ich hatte wenig Ahnung vom Leben außerhalb der christlichen Welt. Für mich waren Menschen entweder Christen oder Nichtchristen, gut oder böse, gerettet oder sündig. In der Kirchengemeinde fühlte ich mich geborgen, angenommen, ermutigt und geschützt. Mein Glaube gab mir Halt und vermittelte mir einen Sinn im Leben. Ich brauchte die Menschen um mich herum, wollte Harmonie und auch Bestätigung. Ich war aber auch unselbständig und übernahm keine Verantwortung für mein Leben. Stattdessen ließ ich mir nur zu gerne von anderen sagen, wie mein Leben aussehen müsse und was gut und was schlecht für mich sei. Ich stellte mich als Christ auch über andere Menschen, beanspruchte für mich, dass ich vieles besser wisse und dass meine christliche Wahrheit die einzig richtige sei.

Nachdem sich dann mein damaliger Freund von mir getrennt hatte, brach für mich diese kleine, heile Welt zusammen. Ich verließ die Kirchengemeinde, weil ich ihn nicht mehr sehen wollte und damit ebenfalls meine Freunde und eigentlich alles, was mein Leben ausmachte. Ich war wütend auf Gott, weil ich nicht glauben konnte, dass er diese Trennung zugelassen hatte. Unsere Partnerschaft hatte doch auf christlichen Werten gebaut und ich konnte nicht verstehen, wie so etwas scheitern konnte.

Dieses Ereignis versöhnte mich aber auch gleichzeitig mit meiner Spiritualität. Das war ein anstrengender Prozess von etwa zehn Jahren, bei dem ich meinen Glauben zunächst leugnete, aber auch nicht wusste, an was ich stattdessen glauben sollte.

Für einen Menschen wie mich, dem Spiritualität schon immer wichtig gewesen war, war das eine sehr leere Zeit. Ich war verbittert. Ich hasste alles, was in irgendeiner Weise Einfluss auf mich nehmen wollte. Mein stärkstes Interesse galt mir selbst und meiner Freiheit. Ich wünschte mir nichts so sehr, als mich selbst zu finden. Weil ich nicht wusste, wie man das macht, habe ich vieles ausprobiert, und alles hatte seinen Sinn und jede Erfahrung brachte mich letztlich näher zu mir. Ich machte eine Psychotherapie, die mir aber nicht wirklich weiterhalf, denn sie „rührte" immer mehr in den Wunden, anstatt sie zu „heilen". Ich beschäftigte mich mit Astrologie und las Bücher über verschiedene Religionen. Ich wurde offener und wertfreier in meiner Einstellung zu den Themen Glaube oder Spiritualität, sammelte Eindrücke und spürte nach, ob sie sich für mich stimmig anfühlten.

Bei Maria lernte ich z. B. die Erzengel und meinen persönlichen Schutzengel kennen. Damit habe ich wieder Ansprechpartner. Das hätte ich nie für möglich gehalten, denn Engel waren mir völlig fremd. Es dauerte eine Weile, bis ich zum ersten Mal von mir aus das Bedürfnis hatte, Engel anzusprechen. Heute möchte ich darauf nicht mehr verzichten, denn die Energie der Engel ist eine sehr unmittelbare und kraftvolle, die sich sofort auf uns überträgt und Wirkung zeigt.

Ich lernte von Maria vieles über die Geistige Welt und es macht im Großen und Ganzen für mich Sinn. Letztlich bin ich davon überzeugt, dass es egal ist, wie ich meinen Glauben benenne oder lebe. Wichtig ist dabei nur, dass ich einen Zugang zu meiner eigenen Mitte bekomme und erkenne, wie wunderbar ich gemacht bin.

Ich würde niemals wieder einen Wahrheitsanspruch auf meinen Glauben erheben. Aber ich glaube an das, was ich persönlich als wahr spüre und wo mein Bauchgefühl stimmt. Ich trage selbst Verantwortung für mein Leben. Ich lebe nach meiner inneren Stimme und brauche keine Gruppenzugehörigkeit mehr.

Ich sehe mich als Teil eines Ganzen und möchte immer mehr lernen, das Leben in jedem Augenblick voll auszukosten. Das bedeutet, dass ich alles wahrnehme und würdige, z. B. wärmende Sonnenstrahlen nach vielen trüben und kalten Winterwochen, die Schönheit und den Duft einer Blume, das Gefühl von Wind in meinen Haaren, ein freundliches Wort, ein Lächeln, eine Umarmung. Und ebenso will ich die negativen Dinge, die mich z. B. belasten, ängstigen oder verletzen, wahrnehmen und mich mit ihnen auseinandersetzen, anstatt sie zu leugnen, zu unterdrücken oder mich dagegen aufzulehnen.

So gesehen ist mein Glaube heute, die Dinge, die mir begegnen und widerfahren, bewusst in diesem Augenblick zu erleben und zu würdigen.

Es gibt keine erlebte Vergangenheit, denn sie ist vorbei und ich kann sie nicht ändern. Und es gibt auch keine erlebte Zukunft, denn sie ist noch nicht eingetreten. Erlebt werden kann nur der Augenblick.

Rückwirkend macht für mich alles in meinem Leben Sinn und ich habe es mir sozusagen damals in der Geistigen

Welt genau richtig ausgesucht, auch wenn ich das erst jetzt im Nachhinein begreife. Man muss das Leben zwar vorwärts gehen, doch um es zu verstehen, muss man es rückwärts betrachten.

„Rückzug"

Andrea Sutter

Dem Himmel so fern

Wo bist du?
Wer bin ich und wer will ich sein?
Warum bin ich hier?
Warum allein?

Ich kann nicht mehr,
mein Fragen enden hier.
Ich fühle mich nur leer.
Mein Herz zerreißt es schier.

Heißt du Gott oder wie soll ich dich nennen?
Namen gibt es viele.
Wohin kann ich jetzt noch rennen?
Fehlen mir doch die Ziele.

Was bleibt, wenn aller Glaube schwindet,
wenn Zweifel brechen sich die Bahn,
wenn man sich selbst nicht wiederfindet,
das Herz so schwer und voller Gram?

Was ist der Sinn,
der hinter allem steht?
Wo soll ich hin,
wenn gar nichts mehr geht?

Der Himmel scheint so weit entfernt,
in der Nähe nur mein Schmerz.
Ich höre, wie er lärmt und lärmt,
dort in meinem Herz.

Eine Antwort auf meine Fragen
kann ich wohl vergebens suchen.
Bleibt mir also nur das Klagen,
Jammern, Schimpfen, Fluchen.

Ich vermag es nicht zu sagen,
was der Mensch auf Erden soll.
Hab ich doch nichts mehr als Fragen
und so viel an stillem Groll.

Hörst du mich, du unbekanntes Wesen?
Zeig dich mir!
Ich will nicht erst verwesen,
bis ich ruhe sanft in dir!

Andrea Sutter

Engel

Maria und Andrea: Engel und Schutzengel werden schon seit vielen Jahrhunderten von den Menschen verehrt, ohne dass man ihre Existenz bewiesen hat. Doch wer sind diese Wesen eigentlich? Darauf möchten wir gerne ausführlicher eingehen.

Jeder Mensch bekommt einen oder mehrere so genannte Schutzengel an seine Seite gestellt, die ihn durch sein Leben begleiten. Diese Schutzengel haben verschiedene Aufgaben. Sie sind immer an unserer Seite und helfen uns durchs Leben, allerdings dürfen sie nicht eingreifen, wenn wir sie nicht darum gebeten haben. Sie sind unsere Ansprechpartner für alle unsere Probleme, Sorgen, Leiden und Ängste. Ihre Hilfe geschieht sehr unmittelbar, wenn wir sie darum bitten. Sie werden jedoch nichts tun, was in unseren Lebensplan eingreift, den sich unsere Seele ausgesucht hat. Sie sind vielmehr dafür zuständig, dass wir unser Lebensziel auch erreichen bzw. unseren Lebensplan erfüllen. Sie werden uns deshalb immer wieder in die „richtige Bahn" lenken, wenn wir von unserem Weg abkommen. Dies geschieht durch Begegnungen mit anderen Menschen oder durch Ereignisse, die uns scheinbar zufällig passieren. Oder sie verhindern z. B., dass ein Vorhaben gelingt, von dem wir noch nicht wissen, dass es nicht gut für uns ist.

Unsere Schutzengel sind immer für uns da: Sie wachen auch über unseren Schlaf. Sie würden uns gerne öfter helfen, aber wir bitten sie so selten darum. Sie beschützen uns nur dann ungefragt, wenn Lebensgefahr droht und es uns noch nicht bestimmt ist zu sterben.

Mit 20 Jahren fiel Marias Sohn Andreas von einem Baugerüst fünf Meter in die Tiefe auf Betonboden. Er fiel direkt auf seine Füße und hatte sich lediglich einen Wirbel angebrochen. Es war so vorgesehen, dass ihm nichts weiter passiert, aber es sollte ihm auch sagen, dass er besser auf sich aufpassen muss und sein Leben wertvoll ist.

Noch in derselben Woche fiel ein 18-jähriger Auszubildender von einer drei Meter hohen Leiter und ist seitdem querschnittsgelähmt. Auch er wurde davor bewahrt, zu sterben. Es mag für uns bitter erscheinen, dass er jetzt querschnittsgelähmt ist. Doch vor ihrer Reinkarnation hat sich seine Seele genau diese Erfahrung ausgesucht. Auch wenn er sich daran nicht mehr erinnert und diese Diagnose vermutlich sehr schrecklich für ihn war: Wenn er sie akzeptiert und annimmt, wird er vom Leben alle Unterstützung bekommen, um damit zu leben. Ich (Andrea) kenne beispielsweise einen Mann, der mit Mitte zwanzig nach einem Verkehrsunfall querschnittsgelähmt war. Sein Leben veränderte sich damit sehr. Aber wenn man ihn danach fragt, sieht er daran sehr viel Positives. Zum Beispiel machte er eine Weiterbildung zum Coach und hilft jetzt anderen Menschen dabei, ihre persönlichen und beruflichen Ziele zu verwirklichen.

Im Sommer 2011 berichteten die Medien, dass in China ein zweijähriges Kind aus einem Fenster im zehnten Stockwerk eines Hochhauses gefallen war. Eine Frau auf der Straße hatte ihren Sturz bemerkt und rannte zu dem Haus. Sie breitete ihre Arme aus und fing das Kind auf. Durch den harten Aufprall verlor die Frau ihr Bewusstsein und das Kind fiel trotzdem zu Boden. Aber sie hatte das Schlimmste abgewehrt. Das Kind überlebte und die Frau hatte lediglich ihren Arm gebrochen. In diesem Fall wurde ein Mensch zum „Schutzengel" eines anderen Menschen.

Diese Geschichten sind Beispiele dafür, dass solche Dinge geschehen, wenn es noch nicht Zeit für uns ist zu sterben und unsere Schutzengel uns vor drohender Lebensgefahr beschützen.

Außer unserem Schutzengel gibt es noch die Erzengel. Sie stehen Gott am nächsten und sind allen anderen Engeln übergeordnet. Jeder Erzengel hat ganz bestimmte Aufgabenbereiche und seine ganz eigene Energie, die ihm von Gott gegeben wurde. Sie befehlen auch über große Scharen von Engeln, die ihnen bei der Erfüllung ihrer Aufgaben helfen. Sie wirken im gesamten Universum und ihre Energie ist allgegenwärtig. Sie handeln im Auftrag Gottes arbeiten an der Erfüllung des göttlichen Plans und als seine Boten.

Maria bietet regelmäßig Engelseminare an, bei denen man seinen persönlichen Schutzengel kennen lernen kann und auch lernt, mit diesem zu reden. Man erfährt den Namen seines Schutzengels und wie er aussieht. Man lernt, wie man seine Helfer im Alltag einsetzen kann. Ebenso erfährt man etwas über die Erzengel und spürt deren unterschiedliche Energien. Die Engel sind eine große Bereicherung für unser Leben und sie haben eine große Kraft.

Andrea: Am Rückspiegel meines Autos hängt schon seit vielen Jahren ein Engel, der mich bei meinen Autofahrten beschützen soll. Es ist kein typischer Engel, sondern eher ein symbolischer. Er sieht aus wie ein Schwert und er gefiel mir deshalb so gut, weil ich mit Engeln nichts Niedliches verbinde, sondern etwas sehr Kraftvolles.

Aber ich wusste nicht viel über Engel und sie waren mir eher fremd. Dann fielen mir Bücher über Engel ins Auge und ich begann einfach zu lesen. Später besuchte ich Marias Engelseminar, in dem ich meinen persönlichen Schutzengel kennen lernte und etwas über Erzengel erfuhr. Außerdem durfte ich die Kraft und Energie der Engel bei ihrer Arbeit mit mir kennen lernen und erfahren. Nachdem ich jahrelang auf der Suche nach meinem verloren gegangenen Glauben war, fand ich in den Engeln die Ansprechpartner für mich, an die ich glauben konnte. Ich hatte ihre Kraft bereits mehrfach unmittelbar erfahren dürfen und so fiel es mir nicht schwer, an ihre Existenz zu glauben. Für mich sind Engel jedoch keine niedlichen Kinder, sondern sehr kraft- und machtvolle Wesen. Größer als wir Menschen – in etwa so groß wie die Pandora-Wesen aus dem Film „Avatar". Und ohne deutliche Gesichter. Lichtwesen, deren Licht sehr stark scheint. Aber jeder sieht die Engel möglicherweise anders und das ist auch gut so.

Meinen Glauben an Gott habe ich übrigens auch wiedergefunden – hauptsächlich durch die Bücher von Neale Donald Walsch. Er hat mir einen Gott vorgestellt, der viel mehr ist als alles, was ich bisher von ihm dachte oder glaubte. Einen Gott, der mich liebt und annimmt, wie ich bin. Bei dem es keine Schuld und keine Sünde gibt und auch keine Hölle oder den Tod. Der mich erschaffen hat und noch immer in mir ist, weil ich ein Teil von ihm bin – so wie jedes Kind die Gene seiner Eltern in sich trägt, so sitzt auch in mir mein „göttliches Gen". Und deshalb ist Gott nicht weit weg und unerreichbar für mich „arme, schuldige Sünderin", sondern er ist in mir – in meinem Herzen. Und es geht nur darum, dass ich im Leben meine eigene Göttlichkeit wiederfinde und mich ihrer erinnere. Und damit meine ich, dass ich erkenne und erfahre, wie wunderbar und einzigartig ich bin. Ein Wesen der Liebe. Geboren, um zu lieben und geliebt zu werden. Das klingt vielleicht etwas philosophisch und abgehoben, aber es ist ganz einfach. Denn ich kann immer und überall Liebe leben. Ich kann der Backwarenverkäuferin morgens ein Lächeln schenken, wenn ich meine Brötchen hole. Ich kann dem Menschen neben mir in der Straßenbahn ein freundliches „Guten Tag" sagen, wenn ich mich neben ihn setze. Ich kann meine Balkonpflanzen mit Liebe einpflanzen und mich an ihnen erfreuen. Ich kann meinen Kollegen im Geschäft mit Respekt und Freundlichkeit begegnen usw. Ein spirituelles Gesetz lautet: „Du bist ein Magnet– du ziehst das an, was dir ähnlich ist oder was du denkst oder befürchtest." Dieses Gesetz der Anziehung wird mir ebenso freundliche Begegnungen schenken. Das glauben Sie nicht? Das Leben ist nicht gerecht? Was Sie glauben, ist wahr. Also glauben Sie doch einfach mal etwas anders, z. B., dass das Leben es gut mit Ihnen meint. Was haben Sie noch zu verlieren? Sie können nur gewinnen.

Und das schreibt eine, die nicht frei ist von Zweifeln und die noch viele Fragen hat. Aber ich bin unterwegs und stecke nicht mehr fest in meiner Leidensspirale und das ist ein wunderschönes Lebensgefühl. Ich kann heute glücklich und versöhnt auf mein bisheriges Leben zurückblicken. Ich habe mir all meine Erfahrungen damals in der Geistigen Welt anscheinend sehr sorgfältig ausgesucht und ich bin an allem stets gewachsen und habe vieles lernen dürfen. In der jeweiligen Situation, in der es mir schlecht ging, war mir das zwar nicht bewusst, aber rückwirkend verstehe ich es dann doch. Und so lerne ich immer mehr, dass ich darauf vertrauen darf, dass alles im Leben seinen Sinn hat bzw. Sinn macht.

Meine Engel

Ich rufe euch an.
Ich schreie, ich flehe, ich winsle.
Ihr seid da. Immer.

Ich heul mich aus
an euren Schultern.
Ich spüre euch
hinter mir und um mich herum.

Eure Anwesenheit
kann ich kaum beschreiben.
Umso mehr kann ich sie fühlen.
Kraftvoll. Tröstend.
Ermutigend und stets voller Liebe für mich.

Wann immer ich euch anrufe,
umfängt mich reine Liebe,
und ich fühle mich sofort
getragen und geborgen.
Menschen können mich verlassen.
Einsamkeit mein Herz zertrümmern.
Ihr bleibt.

Und ihr sammelt jedes einzelne Herzstück
auf und fügt sie alle
wieder zusammen
zu einem noch stärkeren Herzen.

Bei euch gibt es keine Schuld.
Und kein Richtig oder Falsch.
Und auch kein Versagen.
Ihr kennt mich und
nehmt mich so an, wie ich bin.
Da ist nichts als Liebe.
Je öfter ich euch anrufe,
desto mehr fühle ich sie und
desto stärker brennt sie sich in mein Herz ein.

Der Abstand zwischen uns wird nur von mir bestimmt.
Ihr seid immer zur Stelle,
seid immer bei mir.
Aber weil ich selbst bestimmen darf,
greift ihr nicht einfach ein.
Wartet, bis ich rufe, bis ich schreie,
bis ich flehe.

Eure Hilfe ist unmittelbar,
schnell wie der Wind,
sanft wie der Flügelschlag eines Schmetterlings
und kraftvoll wie nichts sonst, das ich kenne.

Eure Botschaft für mich
ist stets liebevoll.
Und immer so,
dass ich sie verstehe.
Wer hat solche Freunde wie ich?

Ich möchte meinen selbst gewählten Abstand zu euch
immer weniger werden lassen.
Euch mehr vertrauen.
Nach euch schreien, flehen und winseln.
Und
euch danken, euch besingen, für euch tanzen
und mit euch lachen.
Weil ihr mit mir seid.
Immer.
Meine Engel.

Andrea Sutter

Dank

Maria und Andrea: Es ist unser innigster Wunsch, dass wir Ihnen in unserem Buch die liebevolle und wirksame Kraft der Geistigen Welt näherbringen konnten. Wir möchten Sie ermutigen, Ihre Helfer kennen zu lernen und mit ihnen in Kontakt zu treten. Die Geistige Welt kommuniziert ständig mit uns und will uns dabei helfen, ein erfülltes Leben zu führen. Es liegt an uns, in welchem Maße wir das zulassen.

Gerne möchten wir an dieser Stelle auch auf Marias Homepage verweisen. Sie lautet: www.mariagmuender.de.

Sie sind herzlich eingeladen, sich dort umzusehen und mit Maria Kontakt aufzunehmen.

Wir danken Ihnen, dass Sie sich mit uns auf die Reise begeben haben, und wir wünschen Ihnen viel Mut für Ihre Weiterreise zu sich selbst. Was Sie in sich entdecken und lieben lernen, wird Ihnen niemand nehmen können und wird Sie stark machen und erfüllen.

Und wenn Sie zwischendurch der Mut verlässt und Sie sich fragen, was das alles soll, was Sie in Ihrem Leben so durchmachen, dann erinnern Sie sich daran:

„Wir sind nicht Menschen, die spirituelle Erfahrungen machen, sondern spirituelle Wesen, die menschliche Erfahrungen machen." *Willigis Jäger*

Herzlichst
Ihre
Maria Priska Gmünder und Andrea Sutter